초등
국어 어휘력이
독해력이다

5 단계 A

어휘로 시작하여 독해의 기본기를 다지는
초등 공부력 향상 프로그램

★ 독해 전, 어휘 먼저 학습!

〈초등 국어 어휘력이 독해력이다 5단계 A〉는 '어휘 → 짧은 글 → 긴 글'로 이어지는 3단계 학습법을 통해 어휘력과 독해력을 체계적으로 기를 수 있도록 구성했습니다. 긴 글과 연계된 주제로 짧은 글을 구성하고, 학습 어휘를 단계마다 반복 제시하여 유기적으로 학습할 수 있습니다.

| 1 단계 | 〈독해 준비〉 **어휘**로 만나기 | → | 2 단계 | 〈독해 맛보기〉 **짧은 글**로 만나기 | → | 3 단계 | 〈독해〉 **긴 글**로 만나기 |

〈독해〉 지문 속 어휘 익히기   〈독해〉에 도움이 되는 지문 맛보기   〈독해〉 하기

★ 교과 연계 · 교과 융합 학습!

〈초등 국어 어휘력이 독해력이다 5단계 A〉는 5학년 1학기 국어, 사회, 과학, 수학 등 8개 교과목에 따라 각 단원을 구성했습니다. 학습 어휘를 교과서에서 자주 사용되는 어휘로 선별하고, 교과 내용과 밀접하게 연계된 주제로 지문을 구성했습니다. 또 각 단원마다 교과 융합 지문을 두 편씩 수록했습니다. 교과를 융합한 독해 지문과 문제를 통해 통합 사고력 및 독해력을 키울 수 있습니다.

교과목에 따른 단원 구성	국어	사회	과학 · 수학	예체능 · 실과
단원별 교과 융합 주제	03회 국어+도덕 05회 국어+사회	06회 사회+과학 07회 사회+국어	11회 과학+국어 14회 과학+국어	18회 체육+국어 19회 체육+사회

_{교과 융합} 차례와 각 단원의 도입부에 교과 융합 주제가 표시되어 있어요.

• 일러두기   본문에 나오는 어휘의 뜻과 예문은 국립국어원 〈표준국어대사전〉, 〈한국어기초사전〉을 참고했습니다.

단계적으로 독해력을 키우는
중학 대비 초고속 실력 향상 프로그램

★ 단계별로 배우는 나선형 학습!

〈초등 국어 어휘력이 독해력이다 5단계 A〉는 어휘 학습과 독해 훈련을 단계적으로 할 수 있도록 구성했습니다. 1단계에서 3단계로 갈수록 학습의 범위가 확장되고, 내용이 심화됩니다.

		어휘		독해
1 단 계	〈개념〉	**어휘의 뜻**을 확인하고, 뜻을 이해하는 데 도움이 되는 한자의 훈과 음을 익혀요.	〈문장〉	어휘의 뜻과 쓰임을 **문장** 속에서 짐작해요.
		↓		↓
2 단 계	〈활용〉	유의어, 반의어, 다의어 등 여러 유형의 문제를 통해 **어휘의 관계**를 공부해요.	〈문단〉	한두 문단의 **짧은 글**을 읽고 내용을 이해해요.
		↓		↓
3 단 계	〈확장〉	문단과 지문 속에서 **어휘의 쓰임**을 파악하며 어휘를 반복 학습해요.	〈지문〉	다양한 갈래의 **긴 글**을 독해 원리에 따라 읽으며 독해력을 키워요.

★ 초등 고학년에 최적화된 학습!

〈초등 국어 어휘력이 독해력이다 5단계 A〉를 통해 내신과 서술형 평가, 그리고 중학 과정을 한꺼번에 대비할 수 있습니다.

내신 대비		서술형 평가 대비		중학 대비
5학년 1학기에 배우는 국어, 사회, 과학, 수학 등 **총 8개 교과목**의 주요 내용을 교재 한 권에 담았습니다.	**+**	**지문 이해력**과 **문장력**을 동시에 평가할 수 있는 서술형 문제를 수록했습니다.	**+**	중학 교과서에 나오는 「청포도」, 「동백꽃」 등의 **문학** 지문과 교과 내용과 연계된 **비문학** 지문을 수록했습니다.

구성 '어휘 ⋯ 짧은 글 ⋯ 긴 글'의 3단계 학습

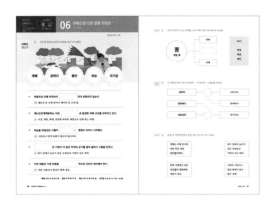

예문으로 배우는 학습 어휘

- 교과서에 자주 나오는 핵심 어휘 선별
- 문맥에 맞는 어휘를 유추하는 훈련

유형별 어휘 학습

- 한자어의 훈과 음을 어휘의 뜻과 연결하여 이해하는 문제 수록
- 유의어, 반의어, 다의어 등 어휘의 관계를 이해하고 활용하는 문제 수록

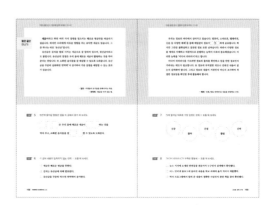

짧은 글로 독해 준비

- 교과서에 나오는 내용, 긴 글의 주제와 연계된 내용으로 구성
- 내용을 정확히 이해했는지 확인하는 문제 수록

단계적 어휘 학습

- 짧은 글 속에서 학습 어휘의 쓰임을 확인하며 '문장(1단계) → 분단(2단계) → 지문(3단계)'의 단계적인 어휘 학습으로 연결

3단계 | 긴글로 만나기

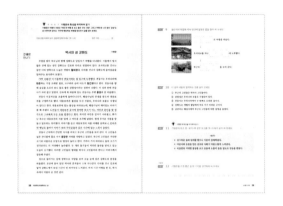

독해의 KEY, 독해 원리

- 독해할 때 도움이 되는 '독해 원리' 제시
- 독해 원리를 적용해 낯선 지문도 정확하고 빠르게 독해할 수 있도록 연습

내신 + 중학 대비, 독해 지문

- 5학년 1학기 교과 내용과 연계된 주제로 구성
- 중학 교과와 연계된 문학 작품 수록
- 설명문, 논설문, 기행문 등 다양한 갈래의 글 수록

서술형 + 유형별 독해 문제

- 구조, 주제, 이해, 추론, 표현 등 다양한 유형의 문제로 구성
- 2단계보다 심화된 문제로 구성하고 문제의 난이도를 단계적으로 확장
- 점점 비중이 높아지고 중요해지는 서술형 문제 수록

✱ 확인 학습

- 어휘 복습하기 : 단원별 학습 어휘를 다양한 문제 유형으로 복습
- 실력 더하기 : 중학 연계 문제와 자주 헷갈리는 맞춤법 문제 수록

✱ 쉬어가기

- 해당 단원과 연계된 속담, 사자성어, 관용어 수록

✱ 정답과 해설

- 정답 및 어휘·오답 풀이, 배경지식 넓히기, 더 알아보기로 구성

차례

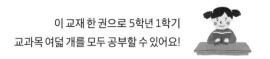

과학·수학

예체능·실과

국어

정답과 해설 2쪽

어휘로
만나기

1 빈칸에 들어갈 알맞은 어휘를 골라 써 보세요.

| 시절 | 고달프다 | 곱다 | 고장 | 익다 |

■ 어린 _____ 에 부모로부터 받은 사랑이 기억 속에 남아 있다.

(뜻) 일정한 시기나 때.

■ 포도가 알알이 잘 ____어서 달콤한 향을 풍겼다.

(뜻) 열매나 씨가 여물다.

■ 우리 _____ 은 경치가 빼어나기로 유명하다.

(뜻) 사람이 모여 사는 지방이나 지역.

■ 종일 뙤약볕에서 밭일을 하시는 아저씨가 무척 ____파 보였다.

(뜻) 몸이나 처지가 몹시 고단하고 힘들다.

■ 어머니가 한복을 ____게 차려 입으셨다.

(뜻) 모양이나 생김새가 산뜻하고 아름답다.

---

* **시절** 때 時 절기 節

주어진 한자가 쓰인 어휘를 <보기>에서 찾아 빈칸에 써 보세요.

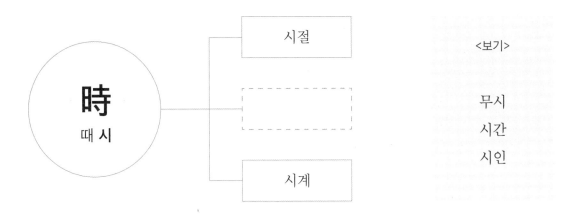

<보기>

무시

시간

시인

두 어휘의 뜻이 서로 비슷하면 =, 반대이면 ↔ 표를 해 보세요.

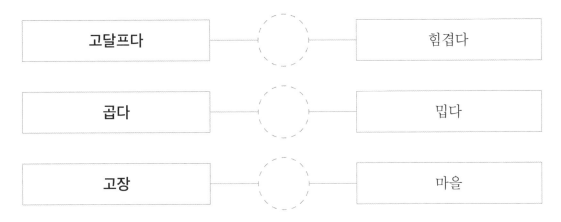

밑줄 친 어휘에 알맞은 뜻을 찾아 그 기호를 써 보세요.

익다	㉠ 열매나 씨가 여물다. ㉡ 고기나 채소, 곡식 따위가 열을 받아 성질과 맛이 달라지다. ㉢ 여러 번 겪어 낯설지 않다.

(1) 가을 들판에 벼가 누렇게 **익어** 가고 있다. ( )

(2) 신정이는 눈에 **익은** 얼굴을 발견하고는 반갑게 다가갔다. ( )

(3) 승섭이는 먹음직스럽게 **익어** 가는 고등어를 보며 입맛을 다셨다. ( )

짧은 글로 만나기

　이육사는 일제 강점기를 살아간 시인이자 독립운동가입니다. 이육사의 본명은 이원록입니다. 그는 1925년부터 독립운동 단체인 의열단에서 활동했습니다. 그러던 중 조선은행 폭탄 사건에 연루*되어 감옥에 갇혔습니다. '이육사'라는 이름은 이때 죄수 번호였던 264번을 따서 지은 것이라고 합니다.

　감옥에서 나온 후 만주에서 독립운동을 이어가던 이육사는 조선으로 돌아와 1935년부터 본격적으로 시를 짓기 시작했습니다. 그의 시에는 암울하고 **고달픈** 상황에 맞서려는 의지와 독립을 향한 소망이 잘 드러나 있습니다. 그러나 그는 그토록 바라던 독립을 보지 못하고, 1944년에 감옥에서 생을 마감했습니다.

* **연루** : 남이 저지른 범죄에 연관됨.

이해　**5**　이 글의 내용과 일치하지 <u>않는</u> 것에 ∨ 표를 해 보세요.

　□　이육사는 조국의 독립을 보지 못한 채 사망했다.

　□　'이육사'는 자신의 죄수 번호를 따서 지은 이름이다.

　□　이육사는 자신의 시에 독립을 향한 의지를 드러내지 않으려고 했다.

주제　**6**　이 글의 제목으로 가장 알맞은 것에 ∨ 표를 해 보세요.

　□　조국의 독립을 노래한 시인 이육사

　□　독립운동 단체인 의열단의 활동과 업적

　□　독립운동에 참여했던 일제 강점기의 시인들

시는 느낌이나 생각을 리듬이 있는 언어로 짧게 표현한 글입니다. 시인은 짧은 글 안에 자신의 생각을 효과적으로 담아내기 위해 함축적*인 시어*를 사용합니다.

예를 들어 이육사의 시 「청포도」에서 말하는 이는 '손님'을 애타게 기다립니다. 그리고 손님에게 자기 ㉠**고장**에서 나는 청포도를 정성스럽게 대접하고 싶어 합니다. 여기서 손님이라는 시어는 말하는 이가 간절히 바라는 소망을 뜻합니다. 시인의 삶에 비추어 보면, 이 소망이 독립을 의미한다는 것을 짐작할 수 있습니다. 이렇게 시인은 독립에 대한 소망을 직접 말하는 대신 함축적인 시어로 표현함으로써 말하려는 바를 효과적으로 전달합니다.

* **함축적** : 말이나 글이 어떤 뜻을 속에 담고 있는 것.
* **시어** : 시에 나오는 말.

어휘 **7** ㉠과 비슷한 의미를 가진 어휘가 들어간 문장이 <u>아닌</u> 것에 ∨ 표를 해 보세요.

☐ 이 **마을**에서는 포도를 많이 재배하고 있다.

☐ 우리 **회사**에서는 농산물을 가공해 여러 식품을 생산하고 있다.

☐ 이 **지방**의 넓고 비옥한 평야에서는 예로부터 좋은 쌀이 나기로 유명하다.

이해 **8** 이 글의 내용과 일치하지 <u>않는</u> 것에 ∨ 표를 해 보세요.

☐ 이육사의 시 「청포도」에는 '손님'이라는 시어가 등장한다.

☐ 시인은 함축적인 시어를 통해 말하고자 하는 바를 전달한다.

☐ 「청포도」에서 시어 '청포도'는 시인의 소망인 독립을 의미한다.

독 / 해 / 원 / 리 **경험을 떠올리며 읽기**

경험은 자신이 실제로 해 보거나 겪어 본 것을 말해요. 자신이 경험한 것을 떠올리며 작품을 감상하면 글의 내용을 더 쉽게 이해하고 생생하게 느낄 수 있답니다.

다음 글을 자세히 읽고, 질문에 답해 보세요. [9~12] 읽은 시간 : _____ 분

긴 글로 만나기

청포도

시 / 이육사

내 **고장** 칠월은
청포도가 **익어** 가는 **시절**

이 마을 전설이 주저리주저리 열리고
먼 데 하늘이 꿈꾸며 알알이 들어와 박혀

하늘 밑 푸른 바다가 가슴을 열고
흰 돛단배가 **곱게** 밀려서 오면

내가 바라는 손님은 **고달픈** 몸으로
청포*(靑袍)를 입고 찾아온다고 했으니

내 그를 맞아 이 포도를 따 먹으면
두 손은 함뿍 적셔도 좋으련

아이야 우리 식탁엔 은쟁반에
하이얀 모시 수건을 마련해 두렴.

* **청포** : 푸른색의 옷으로, 조선 시대 벼슬아치가 입던 푸른 도포를 말함.

추론 **9** 이 시의 계절적 배경으로 알맞은 것에 ○ 표를 해 보세요.

| 봄 | 여름 | 가을 | 겨울 |

이해 **10** 이 시의 시어에 대한 설명으로 알맞지 <u>않은</u> 것을 골라 보세요. ( )

① '손님'은 말하는 이가 기다리고 있는 대상이다.
② '청포도'와 '칠월'은 이 시의 계절적 배경을 짐작하게 하는 시어다.
③ 의인법을 사용해서 '푸른 바다'가 사람처럼 가슴을 연다고 표현하고 있다.
④ '알알이'나 '주저리주저리'와 같이 청포도의 모양을 흉내 내는 말이 쓰였다.
⑤ '은쟁반'과 '모시 수건'은 손님이 결국 오지 못한다는 것을 알려 주는 시어다.

표현 **11** <보기>를 읽고 빈칸에 들어갈 알맞은 시어를 이 시에서 찾아 써 보세요.

<보기>

　이육사의 시 「청포도」에는 푸른색과 흰색을 띠는 여러 시어가 등장해 선명한 대비를 이룹니다. 싱그러운 푸른색과 깨끗한 흰색의 대비는 시의 분위기를 밝고 희망차게 만들고, 평화로운 미래에 대한 소망을 감각적으로 드러냅니다.

(1) 푸른색을 띠는 시어 → 청포도, 하늘, [　　　], 청포

(2) 흰색을 띠는 시어 → [　　　], 은쟁반, 모시 수건

💡 경험을 떠올리며 읽기

추론 **12** 이 시를 자신의 경험과 관련지어 감상한 친구의 이름을 써 보세요. ( )

■ 신우 : 이 시를 쓴 이육사가 일제 강점기의 독립운동가였다는 점을 생각하면, 말하는 이가 기다리고 있는 손님은 아마 '독립'을 뜻할 거야.

■ 민서 : 손님을 위해 은쟁반과 모시 수건을 정성스레 준비하는 모습을 보니, 사촌들이 우리 집을 방문했을 때 미리 음식을 준비하며 설렜던 기억이 떠올라.

■ 은의 : 시인의 삶을 떠올려 보니 손님을 기다리는 간절한 마음이 한층 더 와닿아. 나도 간절한 목표를 이루기 위해 힘들어도 포기하지 않고 노력해야겠어.

교과 연계
국어 5-1
4단원
글쓰기의 과정

02 옹고집전을 읽고
독서 감상문

정답과 해설 4쪽

어휘로
만나기

1 빈칸에 들어갈 알맞은 어휘를 골라 써 보세요.

진위　뉘우치다　기이하다　질책　가리다

■ 옹고집은 자신의 잘못을 [고] 새사람이 됐다.

(뜻) 스스로 제 잘못을 깨닫고 마음속으로 가책을 느끼다.

■ 형사는 진실을 [기] 위해 사건을 면밀히 조사했다.

(뜻) 잘잘못이나 좋은 것과 나쁜 것 따위를 따져서 구별하다.

■ 나는 아버지의 [   ]에 아무런 변명도 하지 않았다.

(뜻) 꾸짖어 나무람.

■ 그 소문의 [   ]를 밝혀야 한다.

(뜻) 참과 거짓 또는 진짜와 가짜를 통틀어 이르는 말.

■ 간밤에 [한] 꿈을 꾸었다.

(뜻) 기묘하고 이상하다.

---

* **진위** 참 眞 거짓 僞　* **기이** 기이할 奇 다를 異　* **질책** 꾸짖을 叱 꾸짖을 責

한자어 **2** 주어진 한자가 쓰인 어휘를 <보기>에서 찾아 빈칸에 써 보세요.

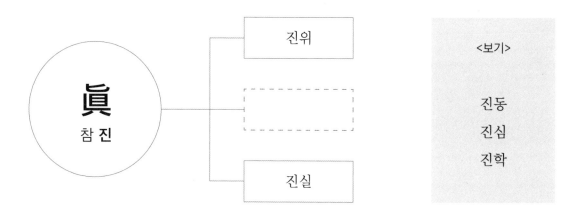

진위

진실

<보기>

진동
진심
진학

유의어 반의어 **3** 두 어휘의 뜻이 서로 비슷하면 =, 반대이면 ↔ 표를 해 보세요.

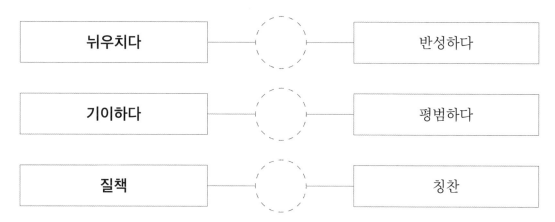

뉘우치다	○	반성하다
기이하다	○	평범하다
질책	○	칭찬

다의어 동형어 **4** 밑줄 친 어휘에 알맞은 뜻을 찾아 그 기호를 써 보세요.

가리다	○ 보이지 못하도록 막다.
	○ 낯선 사람을 대하기 싫어하다.
	○ 잘잘못이나 좋은 것과 나쁜 것 따위를 따져서 구별하다.

(1) 커튼으로 창문을 **가렸다**.　　　　　　　　　　　　　　(　　)

(2) 옳고 그름을 **가려야** 한다.　　　　　　　　　　　　　　(　　)

(3) 그는 내성적이라 낯을 많이 **가린다**.　　　　　　　　　　(　　)

짧은 글로 만나기

아주 옛날, 옹진골이라는 마을에 심술궂기로 유명한 옹고집이 살고 있었습니다. 그 소문을 들은 한 도사가 옹고집을 ⟨　㉠　⟩ 하기 위해 한 스님을 보냈습니다. 그런데 옹고집은 스님에게 오히려 매질을 했고, 화가 난 도사는 도술을 부려 가짜 옹고집을 만들었습니다. 두 옹고집은 서로가 진짜라고 다투었습니다. 그러다 결국 원님을 찾아가 **진위**를 **가리기**로 했습니다. 하지만 원님은 가짜 옹고집의 손을 들어주었고, 그 뒤로 가짜 옹고집은 진짜 옹고집의 행세를 하며 살았습니다. 진짜 옹고집이 절망에 빠져 죽음을 택하려고 하자 도사가 다시 나타나 가짜 옹고집을 허수아비로 변하게 했습니다. 그 후 옹고집은 새사람이 되어서 착하게 살았습니다.

어휘 **5** ㉠에 들어갈 어휘로 알맞은 것에 ○ 표를 해 보세요.

존경　　질문　　질책　　응원　　축복

이해 **6** 이 글의 내용과 일치하는 것에 ○, 일치하지 않는 것에 × 표를 해 보세요.

■ 가짜 옹고집은 허수아비로 변했다.　　　　　　　　　　　　　（　　　）

■ 도사는 도술로 가짜 옹고집 세 명을 만들었다.　　　　　　　　（　　　）

■ 옹고집은 결국 자신의 잘못을 뉘우치고 착하게 살았다.　　　　（　　　）

선생님 : 오늘은 어제 읽은 『옹고집전』에 관해 독서 감상문 쓰는 방법을 알
아보려고 합니다. 먼저 책의 줄거리를 떠올리며 인상 깊었던 장면
을 생각해 봅시다. 어떤 장면이 떠오르나요?

은지 : 도사가 도술을 부려서 가짜 옹고집을 만든 장면이 떠오릅니다.

선생님 : 그 장면이 인상 깊었던 까닭은 무엇인가요?

은지 : 모두 가짜를 진짜라고 믿을 것을 상상하니, 그 모습이 ㉠**기이하게**
느껴졌기 때문입니다.

선생님 : 책을 읽고 난 후의 느낀 점을 말해 볼까요?

은지 : 옹고집처럼 뒤늦게 잘못을 후회하지 않도록 항상 자신을 돌아봐
야겠다고 생각했습니다.

어휘 **7** ㉠과 바꾸어 쓸 수 있는 어휘에 ○ 표를 해 보세요.

대범하게

대단하게

친근하게

답답하게

이상하게

이해 **8** 이 글을 참고하여 독서 감상문을 쓰는 방법으로 알맞지 <u>않은</u> 것에 ∨ 표를 해 보세요.

☐ 인상 깊은 장면과 그 까닭을 쓴다.

☐ 책을 읽고 난 후 느낀 점은 최대한 간략하게 쓴다.

☐ 독서 감상문을 쓰기 전에는 먼저 책의 줄거리를 떠올린다.

다음 글을 자세히 읽고, 질문에 답해 보세요. [9~12]   읽은 시간 : _____ 분

긴 글로 만나기

옹고집전을 읽고

독서 감상문

학교 도서관에서 책을 고르다가, 『옹고집전』이란 책이 흥미로워 보여서 읽어 보았다. 이 책은 심술궂은 옹고집이 벌을 받고 잘못을 **뉘우치는** 내용을 담고 있다.

옹고집은 자기밖에 모르고 남을 돕지 않는 사람이다. 심지어 몸이 편찮으신 어머니도 돌보지 않는다. 그 소문을 들은 한 도사가 학대사라는 스님을 보내 옹고집을 **질책**하게 했다. 하지만 옹고집은 오히려 학대사에게 매질을 했고, 이에 화가 난 도사는 도술로 가짜 옹고집을 만들었다. 나는 마음씨가 고약한 옹고집에게 화가 나면서도, 도사가 가짜 옹고집을 만든 것이 무서웠다. 진짜 행세를 하는 가짜 옹고집을 모두가 진짜라고 믿는 상황을 상상하니 그 모습이 **기이하게** 느껴졌기 때문이다.

(가) 옹고집이 두 명이 된 것처럼, 나도 나와 똑같이 생긴 누군가가 생기는 상상을 한 적이 있다. 하고 싶지 않은 일들이 잔뜩 쌓여 있을 때 나와 똑같이 생긴 사람이 내 일을 대신해 주면 편하겠다고 생각했다. 하지만 이 책을 읽고 다시 생각해 보니 가족과 친구들이 다른 사람을 나라고 믿는다면 슬플 것 같다는 생각이 들었다.

(나) 진짜 옹고집과 가짜 옹고집은 원님을 찾아가 **진위**를 **가리기**로 했다. 그러나 가짜 옹고집이 판결에서 이겨 진짜 옹고집의 아내와 함께 집으로 돌아가게 되었다. 가짜에게 모든 것을 뺏긴 옹고집이 불쌍하기도 했지만 이기적인 삶을 살아온 옹고집이 잘못을 뉘우치기를 바라면서 책장을 넘겼다.

(다) 진짜 옹고집은 갈 곳 없이 떠돌며 살다가 결국 죽음을 선택하기로 했다. 그때 도사가 나타나 다시 도술을 부려 가짜 옹고집을 허수아비로 변하게 했다. 옹고집은 그 뒤로 새사람이 되어 착한 일을 베풀며 살았다.

『옹고집전』을 읽고 선한 마음이 중요하다는 것을 새삼 느꼈다. 옹고집이 다른 사람을 배려하는 마음으로 살았다면 가짜 옹고집에게 자신의 삶을 빼앗기는 일은 없었을 것이다. 절망에 빠진 옹고집이 잘못을 뉘우치고 제자리를 되찾는 결말에서 나 자신을 돌아보았다. 친구의 마음을 아프게 한 적은 없는지, 부모님에게 효도하고 있는지를 생각했다. 옹고집처럼 뒤늦게 후회하지 않도록 항상 자신을 돌아보는 사람이 되어야겠다.

구조 9 이 글의 중심 내용을 정리하며 빈칸에 알맞은 말을 찾아 써 보세요.

책을 읽은 동기	학교 도서관에서 책을 고르다가 『　　　　　』이라는 책이 흥미로워 보여서 읽어 보았다.
책의 내용	이 책은 　　　 궂은 옹고집이 　　　 을 받고 잘못을 뉘우치는 내용을 담고 있다.
느낀 점	옹고집처럼 뒤늦게 　　　 하지 않도록 자신을 돌아보아야겠다.

주제 10 이 글의 부제목으로 가장 알맞은 것에 ∨ 표를 해 보세요.

☐ 진짜를 이긴 가짜

☐ 은혜를 갚은 옹고집

☐ 나를 돌아보게 한 옹고집

이해 11 이 글의 내용을 바르게 이해하지 <u>못한</u> 친구를 골라 보세요. (　　　)

① 승희 : 글쓴이는 『옹고집전』을 읽고 선한 마음의 중요성을 느꼈어.
② 영재 : 옹고집은 편찮으신 어머니도 돌보지 않는 심술궂은 사람이었어.
③ 예지 : 글쓴이는 가짜에게 모든 것을 빼앗긴 옹고집이 불쌍하다고 생각했대.
④ 은우 : 도사는 진짜 옹고집과 가짜 옹고집을 모두 허수아비로 만들어 버렸어.
⑤ 수현 : 글쓴이는 하기 싫은 일을 해야 할 때 자신과 똑같이 생긴 사람이 대신해 주면 편할 거라는 생각을 한 적이 있대.

이해 12 (가)~(다) 중 글쓴이의 경험과 느낀 점이 모두 드러난 문단을 써 보세요.

(　　　)

교과 연계
국어 5-1
5단원
글쓴이의 주장

교과 융합
국어 ★ 도덕

03 무분별한 SNS 사용을 자제하자
논설문

정답과 해설 6쪽

어휘로 만나기

1 빈칸에 들어갈 알맞은 어휘를 골라 써 보세요.

| 익명성 | 타인 | 무분별 | 악용 | 잦아지다 |

- ☐ 에 기대어 악성 댓글을 쓰는 것은 사이버 폭력이다.

  (뜻) 어떤 행위를 한 사람이 누구인지 드러나지 않는 특성.

- 아버지가 바쁘셔서 늦게 귀가하시는 일이 ☐졌다☐.

  (뜻) 어떤 일이나 행위 따위가 자주 있게 되다.

- 그는 자신에게는 엄격하지만 ☐ 에게는 너그럽다.

  (뜻) 다른 사람.

- 외래문화를 ☐ 하게 받아들이는 것은 옳지 않다.

  (뜻) 어떠한 것에 대한 바른 생각이나 판단이 없음.

- 개인 정보를 ☐ 하는 범죄가 늘고 있다.

  (뜻) 알맞지 않게 쓰거나 나쁜 일에 씀.

* **익명성** 숨길 匿 이름 名 성질 性 * **타인** 다를 他 사람 人 * **무분별** 없을 無 구별할 分 다를 別 * **악**

밑줄 친 어휘 중 주어진 한자가 쓰이지 <u>않은</u> 것에 ∨ 표를 해 보세요.

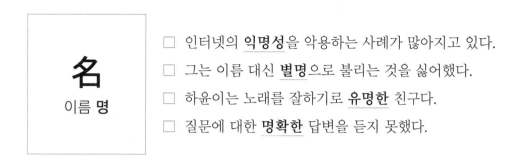

名
이름 **명**

☐ 인터넷의 **익명성**을 악용하는 사례가 많아지고 있다.

☐ 그는 이름 대신 **별명**으로 불리는 것을 싫어했다.

☐ 하윤이는 노래를 잘하기로 **유명한** 친구다.

☐ 질문에 대한 **명확한** 답변을 듣지 못했다.

두 어휘의 뜻이 서로 비슷하면 =, 반대이면 ↔ 표를 해 보세요.

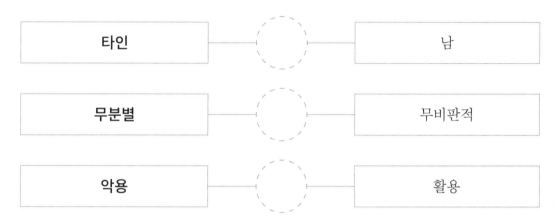

타인	◯	남
무분별	◯	무비판적
악용	◯	활용

밑줄 친 어휘에 알맞은 뜻을 찾아 그 기호를 써 보세요.

| 잦아지다 | ㉠ 거칠거나 들뜬 기운이 가라앉아 잠잠하게 되다. |
| | ㉡ 어떤 일이나 행위 따위가 자주 있게 되다. |

(1) 내가 지각하는 일이 **잦아지자** 선생님께서 걱정하셨다. ( )

(2) 소방대원의 신속한 작업 덕분에 거센 불길이 **잦아졌다**. ( )

짧은 글로 만나기

　　사이버 공간은 인터넷으로 연결된 가상의 공간을 말합니다. 사이버 공간에서는 언제 어디서든 누구와도 소통할 수 있고, 누구나 정보를 생산하고 활용할 수 있습니다. 또 **익명성**을 바탕으로 하기 때문에 자유롭게 의견을 제시할 수 있습니다.

　　하지만 이러한 ＿＿＿＿＿ ㉠ ＿＿＿＿＿을 **악용**해 자신을 숨기고 악성 댓글을 다는 사이버 폭력이나, 개인 정보를 이용한 범죄가 발생하기도 합니다. 또 사이버 공간에서 시간을 너무 많이 보내거나 사이버 공간에 지나치게 빠져드는 온라인 중독의 위험이 있습니다.

어휘 **5** ㉠에 들어갈 어휘로 알맞은 것에 ○ 표를 해 보세요.

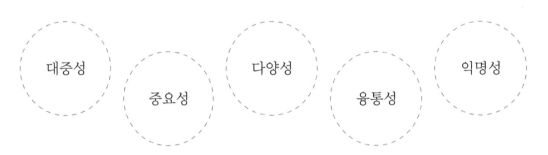

대중성　　중요성　　다양성　　융통성　　익명성

주제 **6** 이 글의 주제로 가장 알맞은 것에 ∨ 표를 해 보세요.

☐ 현실과 사이버 공간을 구분해야 한다.

☐ 인터넷의 익명성은 자유로운 소통을 가능하게 한다.

☐ 사이버 공간은 긍정적인 면과 부정적인 면이 모두 있다.

부모님이나 친구를 사랑하는 것도 중요하지만, 자신을 사랑하고 소중하게 대하는 것도 중요합니다. 이렇게 자신을 소중하게 여기는 마음을 '자아 존중 감'이라고 합니다. 자아 존중감이 높으면 ㉠**타인**의 말에 흔들리지 않고 스스로에 대한 믿음을 가질 수 있습니다.

자아 존중감을 높이려면 남과 나를 비교하지 말아야 합니다. 또 내가 좋아하는 것이 무엇이며, 원하는 것은 무엇인지를 분명하게 알아야 합니다. 나를 사랑하고 진정한 나의 모습을 찾으려고 노력하면 자아 존중감을 높일 수 있습니다.

어휘 **7** ㉠의 쓰임이 알맞지 <u>않은</u> 것에 ∨ 표를 해 보세요.

☐ 그는 **타인**에게 늘 친절하다.

☐ **타인**을 이해하는 것은 어려운 일이다.

☐ 남을 탓하기 전에 **타인**부터 돌아보아야 한다.

추론 **8** '자아 존중감'이 높은 사람에 ∨ 표를 해 보세요.

☐ **타인**의 평가에 상처를 받고 괴로워하는 사람

☐ SNS에서 다른 사람의 외모를 보고 자신과 비교하는 사람

☐ **타인**의 말에 흔들리지 않고, 자신이 원하는 것을 분명하게 아는 사람

독/해/원/리 **근거의 적절성을 파악하며 읽기**

주장하는 글에서 주장을 뒷받침하는 근거가 적절하면 주장에 설득력이 생겨요. 근거가 적절한지 파악하면서 글을 읽어 보세요.

다음 글을 자세히 읽고, 질문에 답해 보세요. [9~12]　　　　⏱ 읽은 시간 : _____ 분

긴 글로 만나기

무분별한 SNS 사용을 자제하자

논설문

　SNS(Social Network Service)는 온라인상에서 사람들이 관계를 형성할 수 있게 하는 서비스를 말합니다. 우리는 SNS를 통해 자신을 표현하고 사람들과 소통합니다. SNS는 언제 어디서든 누구와도 소통할 수 있게 한다는 장점이 있습니다. 하지만 이러한 SNS를 **무분별**하게 사용하면 여러 가지 문제가 생깁니다.

　첫째, **타인**의 기준에 나를 맞추게 됩니다. 대부분의 SNS 사용자들은 많은 사람들이 자신이 쓴 글에 댓글을 달고 관심을 갖기를 원합니다. 그러다 보면 다른 사람의 반응을 기준으로 자신을 표현하게 됩니다. 진짜 내 모습이 아니라 남에게 맞춰진 내가 되는 것입니다. 건강한 자아를 만들려면 남의 기준이나 말에 흔들리지 않는 태도를 가져야 합니다. 무분별한 SNS의 사용은 자아 존중감을 기르는 데 방해가 될 수 있습니다.

　둘째, 사이버 폭력과 범죄에 노출될 수 있습니다. **익명성**을 바탕으로 하는 SNS에서는 자신이 누구인지 숨길 수 있기 때문에 악성 댓글을 달거나 자신의 의도를 속이고 접근하는 일이 발생하기도 합니다. SNS를 하는 사람이 늘어나면서 악성 댓글로 고통을 받는 일이 **잦아졌습니다.** 한 연예인이 SNS의 악성 댓글로 인해 스스로 목숨을 끊은 일도 있었습니다. SNS를 사용할 때는 익명성을 **악용하는** 행동을 하지 말고, 남을 존중하는 태도를 가져야 할 것입니다.

　셋째, SNS에 중독되어 시간을 낭비하기 쉽습니다. SNS는 수많은 정보가 공유되고 다양한 사람과 소통하는 공간이기 때문에 시간이 가는 줄 모르고 하게 되는 경우가 많습니다. SNS에 지나치게 몰입하게 되면 현실보다 SNS 속 세상을 더 중시하면서 살아갈 수도 있습니다. 친구를 실제로 만나 소통하며 감정을 교류하는 것보다, SNS의 빠르고 쉬운 인간관계에 익숙해지는 것입니다. 이러한 SNS 중독은 스마트폰이 없으면 불안해하는 스마트폰 중독으로도 이어질 가능성이 큽니다.

　SNS의 단점을 인지*하고 바르게 사용해야 합니다. 시간을 정해서 SNS를 사용하고, 건강한 취미 생활도 함께 하는 것이 좋습니다. 또 친구들과 직접 만나 소통하는 것이 중요합니다. 아울러 사이버 예절을 지키면서 SNS를 사용하도록 주의합시다.

* 인지 : 어떤 사실을 인정하여 앎.

구조 **9** 이 글에서 제시한 근거를 정리하며 빈칸에 알맞은 말을 찾아 써 보세요.

근거 1	SNS를 하면 ⬚ 의 ⬚ 에 나를 맞추게 된다.
근거 2	SNS는 ⬚ 을 바탕으로 하여, ⬚ 폭력과 범죄에 노출될 수 있다.
근거 3	SNS에 ⬚ 되어 ⬚ 을 낭비하기 쉽다.

주제 **10** 글쓴이의 주장으로 가장 알맞은 것을 골라 보세요. ( )

① SNS 사용을 금지하자.
② 사이버 범죄를 예방하자.
③ 스마트폰 사용 시간을 줄이자.
④ 몸을 건강하게 하여 자아 존중감을 높이자.
⑤ SNS를 무분별하게 사용하지 말고 올바르게 사용하자.

💡 근거의 적절성을 파악하며 읽기

추론 **11** 이 글의 근거가 적절한지 판단하기 위해 살펴볼 점이 <u>아닌</u> 것을 모두 골라 보세요. [답 2개]

( )

① 근거가 다섯 가지 이상인가?
② 근거에 알맞은 낱말을 썼는가?
③ 근거가 주장과 관련이 있는가?
④ 근거가 재미와 감동을 주는 내용인가?
⑤ 근거가 주장을 더욱 설득력 있게 하는가?

추론 **12** 이 글을 바탕으로 SNS를 바르게 사용한 친구에 ∨ 표를 해 보세요.

☐ 민우 : SNS는 장점은 없고 단점만 있기 때문에 나는 절대로 SNS를 하지 않아.

☐ 중기 : SNS는 익명성이 보장되기 때문에 나는 하고 싶은 말을 서슴없이 하고 있어.

☐ 정연 : 나는 친구들과 만나서 축구와 농구를 하는 것이 취미야. SNS는 주로 저녁을 먹고 20분 정도 하는 편이야.

04 급식 잔반을 줄이는 방법
대화문

정답과 해설 8쪽

어휘로 만나기

1 빈칸에 들어갈 알맞은 어휘를 골라 써 보세요.

(편식) (마련) (안건) (따분하다) (반영)

■ 막냇동생은 [   ]이 심해서 채소는 먹지 않고 고기만 먹는다.

⑂ 어떤 특정한 음식만을 가려서 즐겨 먹음.

■ 오늘 학급 회의의 [   ]은 개교기념일 행사에 관한 것이다.

⑂ 여럿이 모여 의논하거나 살펴보아야 할 사실.

■ 운동장에서 일어나는 사고를 막기 위해서 대책을 [   ]해야 한다.

⑂ 어떤 것을 준비하여 갖춤.

■ 주말에 집에만 있으니 [해서   ] 공원으로 산책을 갔다.

⑂ 재미가 없어 지루하고 답답하다.

■ 이번 체험 학습 장소는 학생들의 의견을 [   ]해서 결정할 것이다.

⑂ 다른 것으로부터 영향을 받아 어떤 현상을 나타냄.

＊**편식** 치우칠 偏 먹을 食 ＊**안건** 생각 案 물건 件 ＊**반영** 돌이킬 反 비출 映

밑줄 친 어휘 중 주어진 한자가 쓰이지 <u>않은</u> 것에 ∨ 표를 해 보세요.

食
먹을 식

☐ 건강을 위해 **편식**하지 않고 음식을 골고루 먹어야 한다.
☐ 노숙자에게 무료로 **급식**을 제공하는 봉사를 하고 있다.
☐ 책을 많이 읽으면 **상식**이 풍부해진다.
☐ 이 **식당**은 김치 반찬이 특히 맛있다.

유의어 3 주어진 어휘와 뜻이 비슷한 어휘를 <보기>에서 찾아 빈칸에 써 보세요.

마련	=	

안건	=	

따분하다	=	

<보기>

안

지루하다

준비

다의어 4 밑줄 친 어휘에 알맞은 뜻을 찾아 선으로 이어 보세요.

잔잔한 호수에
햇빛이 **반영**되어
아름답게 반짝였다.

빛이 반사하여 비침.

유행어는 당시
사람들의 생활
모습을 **반영**한다.

다른 것으로부터
영향을 받아 어떤
현상을 나타냄.

**짧은 글로
만나기**

어떤 문제를 여러 사람이 협력하여 해결하는 방법을 토의라고 합니다. 올바른 토의 절차에 따라 서로 의견을 나누고 가장 나은 해결 방안을 찾을 수 있습니다.

토의를 하기 위해서는 먼저 토의 주제를 정해야 합니다. 함께 의논하고 싶은 주제를 정한 후 각자 의견을 ㉠**마련**합니다. 자신의 의견이 토의 주제에 적합한지, 실천할 수 있는 내용인지 생각하면서 의견을 준비합니다. 다음으로 여러 사람의 의견을 모읍니다. 이때 알맞은 까닭을 들면서 자신의 의견을 제시하고, 다른 사람의 의견을 존중하며 듣습니다. 그리고 모인 의견을 비교하면서 알맞은 의견을 판단할 수 있는 기준을 세우고, 그 기준에 따라 가장 적합한 의견으로 결정합니다.

어휘 **5** 밑줄 친 어휘가 ㉠과 같은 뜻으로 쓰이지 <u>않은</u> 것에 ∨ 표를 해 보세요.

☐ 환경을 보호할 대책을 **마련**해야 한다.

☐ 모든 일에는 장점과 단점이 있기 **마련**이다.

☐ 자전거를 **마련**하기 위해 용돈을 열심히 모으는 중이다.

이해 **6** 토의를 할 때 가장 먼저 해야 하는 것을 골라 ∨ 표를 해 보세요.

☐ 토의 주제를 정한다.

☐ 각자 마련한 의견을 모은다.

☐ 알맞은 의견인지 판단할 수 있는 기준을 세운다.

　　토의 주제를 정할 때는 고려해야 할 점 세 가지가 있습니다. 먼저 토의에 참여하는 모두와 관련 있는 주제인지 살펴봐야 합니다. 예를 들어 어떤 동아리에서 하는 활동을 학급에서 토의하는 것은 반 학생 모두와 관련 있는 **안건**이 아니기 때문에 토의 주제로 알맞지 않습니다. 또 해결 방법을 찾을 수 있는 문제인지 살펴봐야 합니다. 만약 학급 토의에서 '우리 지역의 예산*을 늘리는 방법'처럼 학생이 해결할 수 없는 문제를 다룬다면 학생들의 참여가 활발하게 이루어지기 어렵기 때문입니다. 마지막으로 토의를 통해 좋은 방향으로 변화를 이끌어 낼 수 있는 주제인지 생각해 봐야 합니다.

* **예산** : 국가나 단체에서 수입과 지출을 미리 헤아려 정한 비용.

이해 **7** 빈칸에 들어갈 알맞은 말을 이 글에서 찾아 써 보세요.

토의 주제는 참여하는 모두와 [　　　　] 있고, [　　　　　　]을

찾을 수 있으며 좋은 변화를 이끌어 낼 수 있는 문제로 정해야 한다.

추론 **8** 학급 토의 주제로 알맞지 <u>않은</u> 것에 ∨ 표를 해 보세요.

☐ 음식물 쓰레기를 줄이는 방법

☐ 건물 붕괴 사고를 줄이는 방법

☐ 어린이날을 뜻깊게 보내는 방법

독 / 해 / 원 / 리 **의견이 알맞은지 판단하며 읽기**

토의를 할 때는 제시하는 의견이 주제와 맞는지, 타당한 근거를 들었는지, 실천할 수 있는지 등을 생각해야 해요. 누구의 의견이 알맞은지 판단하면서 글을 읽어 보세요.

다음 글을 자세히 읽고, 질문에 답해 보세요. [9~12]　　　🕐 읽은 시간 : _____ 분

긴 글로 만나기

급식 잔반을 줄이는 방법

대화문

선생님 : 오늘은 지난주에 정했던 주제인 '급식 잔반을 줄이는 방법'에 대해 토의하는 날이에요. 음식물 쓰레기는 처리하는 과정에서 많은 비용이 들고 환경 오염을 일으키기 때문에 우리 모두 음식물 쓰레기를 줄이는 데 앞장서자는 마음으로 정한 주제였죠. 그럼 각자 **마련**한 의견을 발표해 볼까요?

다희 : 저는 급식 잔반을 줄여 환경을 살리자는 내용의 포스터를 만들었으면 좋겠습니다. ㉠전달하고자 하는 내용이 한눈에 잘 들어오게 포스터를 만들어서 급식실 입구와 벽면에 붙이는 겁니다. 그러면 학생들이 음식물 쓰레기의 심각성을 깨닫고 잔반을 줄이도록 노력하지 않을까요?

원경 : 에이, **따분하게** 무슨 포스터야. 밥 먹을 때 누가 포스터를 본다고. 그것보다는 급식판을 다 비우는 사람한테 스티커를 주는 것이 어떨까요? 그리고 한 달 동안 반에서 스티커를 가장 많이 모은 학생에게 맛있는 간식을 주는 거죠. 제가 스티커 모으는 걸 좋아해서 예쁜 스티커가 정말 많거든요.

신혜 : 제 의견도 원경이와 비슷한데, 다만 일주일에 하루씩 요일을 정해서 '잔반 없는 날' 행사를 진행하면 좋겠어요. 그날 잔반을 남기지 않은 사람은 조그만 선물을 받는 거죠. **편식**하는 학생들도 그날만큼은 음식을 골고루 먹지 않을까요?

시연 : 저는 무엇보다 급식 메뉴를 우리가 좋아하는 반찬으로 구성하는 것이 좋겠다고 생각합니다. 그리고 맛있는 후식이 나오면 좋겠습니다.

선생님 : 자, 좋습니다. 이번 **안건**에 대한 의견이 어느 정도 모인 것 같네요. 여러분 모두 의견을 마련할 때 생각해야 할 점들을 잘 **반영**해서 발표한 것 같나요? 이제부터는 지금까지 나온 의견의 장단점을 써 보는 시간을 가질 거예요. 그리고 알맞은 기준을 정해 가장 좋은 의견을 찾아보도록 합시다.

구조 **9** 학생들의 의견을 정리하며 빈칸에 알맞은 말을 찾아 써 보세요.

다희	□□□□를 만들어서 급식실 입구와 벽면에 붙이자.
원경	□□□을 다 비우는 사람에게 스티커를 주자.
신혜	요일을 정해 '□□□□□□' 행사를 하자.
시연	□□□□를 우리가 좋아하는 반찬으로 구성하자.

추론 **10** ㉠에 들어갈 내용으로 알맞지 <u>않은</u> 것에 ∨ 표를 해 보세요.

☐ 음식물 쓰레기는 환경 오염을 일으킨다.

☐ 우리가 남긴 급식 잔반은 음식물 쓰레기가 된다.

☐ 우리가 버린 음식물 쓰레기는 비료로 활용할 수 있다.

🔅 의견이 알맞은지 판단하며 읽기

추론 **11** 학생들의 의견을 바르게 판단하지 <u>못한</u> 것을 골라 보세요. ( )

① 신혜는 토의 주제에 맞는 의견을 제시했다.
② 원경이는 다른 사람의 의견을 존중하지 않았다.
③ 다희가 제안한 의견은 학생들이 실천할 수 없는 내용이다.
④ 시연이는 자신의 의견을 내세우기만 하고 타당한 근거를 들지 않았다.
⑤ 원경이가 제안한 의견은 토의 주제에 맞지만, 근거는 토의 주제에 맞지 않는다.

✏️ 서술형

추론 **12** '급식 잔반을 줄이는 방법'에 대한 자신의 의견과 그 까닭을 써 보세요.

■ 의견 →

■ 까닭 →

교과 연계
과학 5-1
7단원
기행문을 써요

교과 융합

국어 ★ 사회

05 역사의 섬 강화도
기행문

정답과 해설 10쪽

**어휘로
만나기**

1 빈칸에 들어갈 알맞은 어휘를 골라 써 보세요.

(풍경) (웅장하다) (창건) (현존) (펼쳐지다)

■ 넓은 갯벌이 눈앞에 [졌다].

뜻 펴져서 드러나다.

■ [한] 궁궐도 주인을 잃으면 쓸쓸하다.

뜻 규모 따위가 거대하다.

■ 이 고인돌은 우리나라에 [   ]하는 고인돌 중에 가장 크다.

뜻 현재에 있음.

■ 전등사는 고구려의 승려가 [   ]한 절이다.

뜻 건물이나 조직체 따위를 처음으로 세우거나 만듦.

■ 단풍으로 물든 시골의 [   ]이 한 폭의 그림 같다.

뜻 산이나 들, 강, 바다 따위의 자연이나 지역의 모습.

---

* **풍경** 바람 風 경치 景 * **웅장** 웅장할 雄 씩씩할 壯 * **창건** 처음 創 세울 建 * **현존** 지금 現 있을 存

한자어 **2** 주어진 한자가 쓰인 어휘를 <보기>에서 찾아 빈칸에 써 보세요.

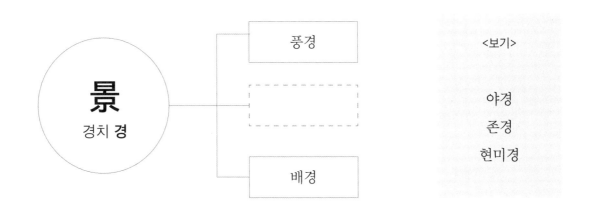

풍경

景
경치 경

배경

<보기>

야경

존경

현미경

유의어
반의어 **3** 두 어휘의 뜻이 서로 비슷하면 = , 반대이면 ↔ 표를 해 보세요.

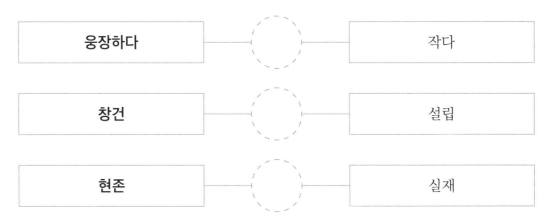

웅장하다	○	작다
창건	○	설립
현존	○	실재

다의어 **4** 밑줄 친 어휘에 알맞은 뜻을 찾아 그 기호를 써 보세요.

| 펼쳐지다 | ㉠ 펴져서 드러나다.
㉡ 접히거나 개킨 것이 넓찍하게 펴지다.
㉢ 보고 듣거나 감상할 수 있도록 사람들 앞에 나타내어지다. |

(1) 화려한 축제가 **펼쳐지다**.   (   )

(2) 접어 놓은 우산이 **펼쳐지다**.   (   )

(3) 도로 양옆으로 바다가 **펼쳐지다**.   (   )

짧은 글로 만나기

기행문은 여행을 하면서 보고, 듣고, 느낀 것을 적은 글입니다. 기행문에는 여정, 견문, 감상이 모두 드러납니다.

'여정'은 여행의 과정이나 일정을 말합니다. 여행 중 어느 곳에 갔는지를 쓰는 것이기 때문에, 여정은 여행의 생생한 기록이 됩니다. '견문'은 여행을 하며 보거나 들은 것입니다. 여행을 하다 보면 다양한 것을 보고, 새로운 것을 알게 됩니다. 아름다운 자연 ⓐ 을 볼 수도 있고, 유적지에서 해설사에게 역사 이야기를 들을 수도 있습니다. '감상'은 여행을 하며 든 생각이나 느낌입니다. '넓게 **펼쳐진** 속초 바다를 보자 가슴이 시원했다'와 같이 여정과 견문을 통해 느낀 점을 표현한 것입니다.

어휘 **5** ㉠에 들어갈 어휘로 알맞은 것에 ○ 표를 해 보세요.

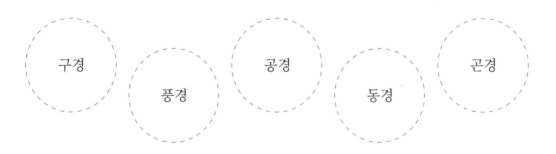

구경   풍경   공경   동경   곤경

이해 **6** 이 글의 내용과 일치하지 <u>않는</u> 것에 ∨ 표를 해 보세요.

☐ 여정은 여행의 과정이나 일정을 말한다.

☐ 감상은 여행하며 보거나 들은 것을 말한다.

☐ 기행문에는 여정과 견문, 감상이 모두 드러난다.

고인돌은 청동기 시대의 무덤입니다. 청동기 시대에는 벼농사가 시작되고, 청동으로 만든 도구가 등장했습니다. 그래서 식량을 많이 갖고 청동기 무기를 사용하는, 권력을 가진 사람과 그렇지 못한 사람이 나뉘었습니다. 이것을 계급이라고 합니다.

고인돌은 이러한 계급을 보여 주는 무덤입니다. 고인돌이 ㉠**웅장할수록** 권력이 큰 사람의 무덤이기 때문입니다. 고인돌의 무게는 적게는 수 톤에서 많게는 수백 톤에 이릅니다. 이렇게 거대한 돌을 운반하려면 수백 명이 필요했으므로 권력이 큰 사람이 아니면 고인돌을 만들기 어려웠습니다.

어휘 7 ㉠의 쓰임이 알맞지 <u>않은</u> 것에 ∨ 표를 해 보세요.

☐ **웅장한** 기와집을 보았다.

☐ **웅장하고** 화려한 음악으로 뮤지컬이 시작되었다.

☐ 키가 작고 마른 형준이는 또래보다 몸이 **웅장하다**.

이해 8 빈칸에 들어갈 알맞은 말을 이 글에서 찾아 써 보세요.

고인돌은 [   ] 시대의 무덤으로, 고인돌의 크기가 클수록

무덤 주인의 [   ] 도 컸다.

다음 글을 자세히 읽고, 질문에 답해 보세요. [9~12]   🕐 읽은 시간 : _____ 분

**긴 글로
만나기**

역사의 섬 강화도

기행문

　주말 아침에 부모님과 함께 강화도로 당일치기 여행을 떠났다. 서울에서 멀지 않은 곳에 있는 섬인 강화도는 김포와 다리로 연결되어 있다. 초지대교를 건너는 동안 다리 양쪽으로 드넓은 갯벌이 **펼쳐졌다**. 다리를 건너자 강화도에 들어섰음을 알려 주는 표지판이 보였다.

　㉠약 10분간 더 이동하자 전등사라는 절 입구에 도착했다. 전등사는 우리나라에 **현존**하는 가장 오래된 절로, 고구려의 승려 아도가 **창건**했다고 한다. 전등사를 향해 숲길을 오르다 보니 돌로 쌓은 삼랑성이라는 성곽이 나왔다. 이 성곽 안에 전등사가 자리 잡고 있었다. 산속에 폭 파묻혀 있는 전등사는 주변 **풍경**과 잘 어울렸다.

　전등사 이곳저곳을 조용하게 돌아다니다가, 해설사님의 안내를 받으며 대웅보전을 구경하기로 했다. 대웅보전은 불상을 모신 건물로, 우리나라 보물로 지정되어 있다고 한다. 대웅보전에 있는 불상을 바라보는데, 해설사님이 재미있는 이야기를 해 주셨다. ㉡전등사 대웅보전 공사에 참여한 목수가 어느 여인과 혼인을 할 생각으로 그녀에게 모든 돈을 맡겼다고 한다. 하지만 여인은 갑자기 사라졌고, 화가 난 목수는 대웅보전의 지붕 밑에 그 여인을 조각해 넣었다. 평생 무거운 지붕을 받들고 있으라는 의미였다. 이야기를 듣고 대웅보전의 지붕 아래를 살펴보니, ㉢아주 먼 옛날로 돌아가 이야기 속의 주인공들과 같은 시간에 있는 느낌이 들었다.

　전등사 근처에서 간단한 식사를 마치고 부근리 고인돌을 보러 갔다. 이 고인돌은 넓은 잔디밭에 홀로 서서 **웅장한** 자태를 자랑하고 있었다. 부근리 고인돌은 거대한 크기와 아름다운 모양으로 명성이 높다고 한다. 가까이 가서 보니 생각보다도 더 거대해서 놀라웠다. 두 개의 돌기둥이 커다란 돌판을 받치고 있는 모습이 신기했다. 이러한 고인돌의 형태를 탁자식 고인돌이라 한다고 아버지께서 말씀해 주셨다.

　집으로 돌아가는 길에 창밖으로 석양을 보며 오늘 눈에 담은 강화도의 풍경을 떠올렸다. 곳곳에 묻어 있던 역사의 흔적들이 스쳐 지나갔다. 다리를 건너 김포에 닿자, 강화도에서 보낸 시간이 먼 과거처럼 느껴졌다. 마치 시간 여행을 한 듯 역사 속에서 머물다 온 것만 같다.

구조 **9** 글쓴이의 여정을 정리하며 빈칸에 알맞은 말을 찾아 써 보세요.

주말 아침에 [|]로 출발했다.

↓

초지대교를 지나 [|]에 도착했다.

↓

부근리 [|]을 보러 갔다.

이해 **10** 이 글의 내용과 일치하는 것을 골라 보세요. (   )

① 부근리 고인돌은 탁자식 고인돌이다.

② 삼랑성은 우리나라 보물로 지정되어 있다.

③ 전등사는 우리나라에서 두 번째로 오래된 절이다.

④ 강화도는 갯벌이 발달하여 차로 가기 어려운 곳이다.

⑤ 글쓴이는 해설사에게 부근리 고인돌에 대한 설명을 들었다.

💡 기행문의 특성을 파악하며 읽기

추론 **11** 기행문의 요소 중 <보기>와 같은 요소를 ㉠~㉢에서 골라 써 보세요. (   )

<보기>

■ 싱그러운 숲의 냄새를 맡으니 기분이 상쾌해졌다.

■ 아궁이와 온돌을 만든 선조의 지혜가 자랑스럽게 느껴졌다.

■ 석굴암의 거대한 불상을 보고 온몸에 소름이 돋을 정도로 감동을 받았다.

✏ 서술형

추론 **12** 기행문을 쓰면 좋은 점 한 가지를 생각하여 써 보세요.

정답과 해설 12쪽

[1~4]   다음 뜻풀이에 알맞은 어휘를 찾아 선으로 이어 보세요.

1.   열매나 씨가 여물다.   •   •   익다

2.   어떤 것을 준비하여 갖춤.   •   •   마련

3.   기묘하고 이상하다.   •   •   웅장하다

4.   규모 따위가 거대하다.   •   •   기이하다

[5~9]   밑줄 친 어휘와 뜻이 비슷한 어휘를 <보기>에서 골라 괄호 안에 써 보세요.

<보기>	뉘우치다	따분하다	타인	잦아지다	시절

5.   나는 나의 잘못을 **반성했다**.   (   )

6.   원만한 관계를 위해 **다른 사람**을 배려하는 태도가 필요하다.   (   )

7.   아침을 거르는 일이 **늘어나자** 어머니가 빵을 챙겨 주셨다.   (   )

8.   친구를 기다리기 **지루해서** 의자에 앉아 책을 읽었다.   (   )

9.   유치원을 다니던 **때**가 생각이 났다.   (   )

[10~14]   빈칸 안에 들어갈 알맞은 어휘에 ○ 표를 해 보세요.

10.   속초 여행을 가서 아름다운 바다의   풍경   구경   을 감상했다.

11.   나의 실수에도 아버지는   질투   질책   하지 않으시고 나를 믿어 주셨다.

12.   선우는 긴 여행이   고달파서   고요해서   집에 돌아오자마자 단잠에 빠졌다.

13.   좁은 골목을 돌아 나오니 널따란 도로가   지워졌다   펼쳐졌다 .

14.   이번 학급 토의의   안건   사건   은 주번을 정하는 방법이다.

[15~19] 괄호 안에 들어갈 알맞은 어휘를 <보기>에서 골라 써 보세요.

<보기>   진실   익명성   무분별   창건   반영

15. 인터넷의 (   )을 악용하는 사이버 범죄가 늘어나고 있다.

16. (   )은 항상 거짓을 이기는 법이다.

17. 1395년에 조선 왕조 최초의 궁궐인 경복궁이 (   )되었다.

18. (   )한 개발은 소중한 자연을 훼손시킨다.

19. 이번 회의의 결과는 반 친구들의 의견을 모두 (   )한 것이다.

[20~22] 밑줄 친 어휘의 뜻을 <보기>에서 찾아 그 기호를 써 보세요.

<보기>   ㉠ 사람이 모여 사는 지방이나 지역.
         ㉡ 모양이나 생김새가 산뜻하고 아름답다.
         ㉢ 잘잘못이나 좋은 것과 나쁜 것 따위를 따져서 구별하다.

20. 우리 **고장**의 특산품인 복숭아는 맛이 달기로 유명하다.   (   )

21. 형사는 사건의 진상을 **가리기** 위해 용의자를 심문했다.   (   )

22. 언니는 머리를 **곱게** 빗고 단정한 차림새로 손님을 맞이했다.   (   )

[23~25] 주어진 어휘를 활용하여 문장을 만들어 보세요.

23. 악용 → --

24. 편식 → --

25. 현존 → --

주장과 근거

개념 적용 1. 다음 주장에 알맞은 근거를 골라 그 기호를 써 보세요.

(1) **학교 안에서 스마트폰을 사용하는 것을 금지해야 한다.** ( )

ㄱ 스마트폰의 기능을 수업 시간에 활용할 수 있다.

ㄴ 스마트폰의 진동이나 소리가 수업에 방해될 수 있다.

(2) **일회용품의 사용을 줄이자.** ( )

ㄱ 배달 음식을 찾는 사람이 늘면서 일회용품의 필요성이 커졌다.

ㄴ 일회용품으로 많이 쓰이는 플라스틱은 심각한 환경 오염을 일으킨다.

(3) **일상생활에서 맞춤법을 지켜야 한다.** ( )

ㄱ 맞춤법을 지키지 않고 편한 대로 글을 쓰면 의사소통에 문제가 생긴다.

ㄴ 맞춤법을 지키지 않고 재미있게 글을 쓰면 친구들과 친밀감을 쌓을 수 있다.

맞춤법 2. 아래 표를 보고 주어진 문장의 맞춤법이 맞으면 ○, 틀리면 × 표를 해 보세요.

가르다	가리다
■ 승부나 등수 따위를 겨루어 정하다. 예 승패를 **가르다**. ■ 쪼개거나 나누어 따로따로 되게 하다. 예 편을 셋으로 **가르다**. ■ 양쪽으로 열어젖히다. 예 생선의 배를 **가르고**, 내장을 뺐다.	■ 잘잘못이나 좋은 것과 나쁜 것 따위를 따져서 구별하다. 예 사건의 진실을 **가리다**. ■ 음식을 골라서 먹다. 예 음식을 **가리지** 않고 먹어야 한다. ■ 낯선 사람을 대하기 싫어하다. 예 그는 내성적이라 낯을 **가린다**.

(1) 수박을 다섯 조각으로 **가르다**. ( )

(2) 두 팀은 승부를 **가리기** 위해 다시 한번 만났다. ( )

(3) 낯을 **가르는** 민경이는 사람들 앞에서 얼굴이 곧잘 빨개졌다. ( )

속담은 예로부터 전해 내려오는 삶의 지혜가 담긴 표현입니다. 속담을 살펴보면 조상들의 생각과 생활 모습을 알 수 있지요. 속담에는 조상들이 즐겨 먹던 과일도 종종 등장합니다. 그럼 과일이 들어간 속담에는 어떤 것들이 있는지 알아볼까요?

● 감나무 밑에 누워 홍시 떨어지기를 기다린다

감나무에 열린 감을 먹고 싶은데, 따지는 않고 밑에 누워 입안으로 떨어지기를 바란다는 뜻입니다. 즉 노력은 하지 않고 좋은 결과만 기대하는 것을 말합니다.

● 빛 좋은 개살구

개살구는 살구와 닮아 먹음직스럽게 생겼지만 시고 맛이 없습니다. 이렇게 겉보기에만 그럴듯하고 실속이 없는 경우를 이르는 말입니다.

● 수박 겉 핥기

수박을 먹겠다면서 겉만 핥는다면 달콤한 수박의 참맛을 느낄 수 없습니다. 이처럼 어떤 것을 제대로 알지 못하고 겉만 대충 보아 넘기는 것을 뜻합니다.

● 과일 망신은 모과가 시킨다

모과는 울퉁불퉁하게 생긴 데다 맛도 달콤하지 않습니다. 모과만 보고 과일 전체를 오해할 수 있듯, 못난 것 하나가 같이 있는 다른 것들도 망신시킨다는 뜻입니다.

● 까마귀 날자 배 떨어진다

까마귀가 날아오르는 순간 우연히 배가 떨어진다면, 사람들은 까마귀가 배를 떨어뜨린 줄 알 것입니다. 이처럼 아무 상관 없는 일로 억울하게 의심받는 경우를 말합니다.

사회

태풍으로 인한 피해 잇따라

교과 융합

글의 종류 뉴스 원고   교과 연계 사회 5-1 1단원. 우리 국토의 위치와 영역

독해 원리 **글의 내용을 자료에 적용하기**
글의 내용을 주어진 자료에 적용하기 위해서는 먼저 글에 제시되어 있는 정보를 정확히 파악해야 해요. 그중 자료와 관련된 내용을 찾아 연결하여 적용해 보세요.

난중일기

교과 융합

글의 종류 고전 문학   교과 연계 사회 5-1 1단원. 우리 국토의 자연환경

독해 원리 **아는 지식을 활용하며 읽기**
이미 알고 있는 지식을 떠올리며 글을 읽으면 작품 속 상황이나 인물의 심정 등에 대해 더 깊이 있게 이해할 수 있어요. 잘 모르는 내용도 짐작할 수 있답니다.

꿀벌 마을버스 운행 안내

글의 종류 안내문   교과 연계 사회 5-1 1단원. 우리 국토의 인문 환경

독해 원리 **필요한 정보를 파악하며 읽기**
안내문은 일상생활에서 필요한 정보를 빠르게 전달하기 위해 표, 그림을 이용하여 보기 쉽게 나타낸 글이에요. 전달하려는 정보를 파악하며 글을 읽어 보세요.

어린이의 인권은 어떻게 보호받나요?

글의 종류 설명문   교과 연계 사회 5-1 2단원. 인권을 존중하는 삶

독해 원리 **글의 주제를 파악하며 읽기**
글에서 반복되는 말을 살펴보며 설명하고지 하는 대상이 무엇인지 찾고, 글쓴이가 글을 쓴 까닭을 생각하면서 읽으면 글의 주제를 쉽게 파악할 수 있어요.

우리 가족은 의무 지킴이!

글의 종류 일기   교과 연계 사회 5-1 2단원. 헌법과 인권 보장

독해 원리 **문장의 호응 관계를 생각하며 읽기**
문장에서 어떤 말과 짝을 이루는 말이 뒤따라오는 것을 호응이라고 해요. 호응 관계가 맞지 않으면 의미가 잘못 전달될 수 있으니 주의하면서 읽어 보세요.

★ 확인 학습   어휘 복습하기 + 실력 더하기 : 문장의 호응 관계

★ 쉬어가기   전쟁에 관한 사자성어

교과 연계
사회 5-1
1단원 우리 국토의
위치와 영역

교과 융합
사회 ★ 과학

06 태풍으로 인한 피해 잇따라
뉴스 원고

정답과 해설 13쪽

**어휘로
만나기**

1 빈칸에 들어갈 알맞은 어휘를 골라 써 보세요.

| 재해 | 걷히다 | 동반하다 | 파손되다 | 저기압 |

■ 폭풍우로 인해 여객선이 [어] 운항되지 않는다.

뜻 깨뜨려 못 쓰게 하거나 깨어져 못 쓰게 되다.

■ 재난 안전 대책 본부는 이번 [   ]로 발생한 피해를 파악하고 있다.

뜻 지진, 태풍, 화재, 전염병 따위의 재앙으로 인해 받는 피해.

■ 하늘을 뒤덮었던 구름이 [고] 햇빛이 비치기 시작했다.

뜻 구름이나 안개 따위가 흩어져 없어지다.

■ [   ]은 기압이 더 높은 주위의 공기를 끌어 올려서 구름을 만든다.

뜻 대기 중에서 높이가 같은 주위보다 기압이 낮은 영역.

■ 이번 태풍은 거센 바람을 [므로] 단단히 대비해야 한다.

뜻 어떤 사물이나 현상이 함께 생기다.

＊**재해** 재앙 災 해로울 害　＊**동반** 함께 同 짝 伴　＊**파손** 깨뜨릴 破 해칠 損　＊**저기압** 낮을 低 공기 氣 누를 壓

주어진 한자가 쓰인 어휘를 <보기>에서 찾아 빈칸에 써 보세요.

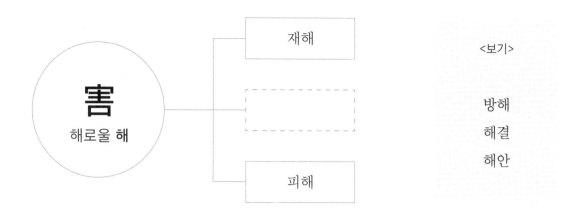

두 어휘의 뜻이 서로 비슷하면 =, 반대이면 ↔ 표를 해 보세요.

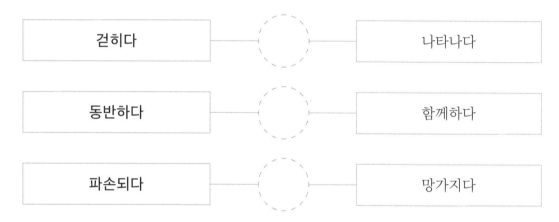

밑줄 친 어휘에 알맞은 뜻을 찾아 선으로 이어 보세요.

**짧은 글로
만나기**

　　2012년, 이탈리아의 한 법원이 기상 예보 전문가 7명에게 징역 6년을 선고했습니다. 이들이 지진에 대한 예보를 정확히 하지 않아 308명이 목숨을 잃는 큰 인명* 피해가 발생했다는 이유에서였습니다. 그러자 과학자들은 부당한 판결이라며 거세게 반발했습니다. 지진은 날씨와 달리 예측하기 어려운 ㉠자연**재해**이기 때문입니다.

　　자연재해는 황사, 홍수, 태풍, 산사태와 같이 피할 수 없는 자연 현상으로 인해 일어나는 피해를 말합니다. 마찬가지로 자연 현상이지만 기온이나 바람 등을 통해 예측할 수 있는 날씨와 달리, 대부분의 자연재해는 예기치 않게 발생하기 때문에 예측하기 힘듭니다. 또 인간의 힘으로 막을 수 없어 큰 피해를 입히기도 합니다.

* 인명 : 사람의 목숨.

이해 **5** ㉠에 포함되지 <u>않는</u> 것에 ○ 표를 해 보세요.

산사태　　바람　　지진　　황사　　태풍

이해 **6** 이 글의 내용과 일치하지 <u>않는</u> 것에 ∨ 표를 해 보세요.

☐ 날씨는 예기치 않게 변화하기 때문에 예측할 수 없다.

☐ 자연재해는 피할 수 없는 자연 현상으로 인해 일어나는 피해를 말한다.

☐ 지진을 정확히 예보하지 못한 전문가들이 징역을 선고받는 일이 있었다.

태풍은 거대한 열대* **저기압**입니다. 저기압은 주변 공기를 끌어들여 위로 올리는데, 열대 지방의 공기는 따뜻하고 습해서 매우 빠르고 강하게 올라갑니다. 이 과정에서 작은 소용돌이가 만들어지고, 소용돌이들이 모여 몸집이 커지면 태풍이 되는 것입니다. 태풍은 강한 비바람을 ㉠**동반하며** 빠르게 이동합니다.

태풍은 일 년에 30개 정도 생겨나고 여러 태풍이 한 지역을 동시에 지나기도 합니다. 그래서 예보할 때 혼란을 막기 위해 태풍에 이름을 붙입니다. 태풍의 이름은 태풍 위원회에 속한 14개 나라가 각각 10개씩 낸 이름을 모아 순서대로 쓰고 있으며, 마지막 이름을 쓰고 나면 다시 첫 번째 이름으로 돌아가 사용합니다.

* **열대** : 적도에 가까운 지대로, 기온이 높고 강우량이 많은 지역.

어휘 **7** ㉠의 쓰임이 알맞은 것에 ∨ 표를 해 보세요.

☐ 두 팀의 점수는 모두 7점으로 **동반**했다.

☐ 피부에 가려움을 **동반**한 염증이 생겨서 몹시 고생했다.

☐ 나는 신웅이의 의견에 **동반**한다는 의미로 고개를 끄덕였다.

이해 **8** 이 글의 내용과 일치하지 <u>않는</u> 것에 ∨ 표를 해 보세요.

☐ 태풍은 열대 지방에서 발생한다.

☐ 여러 개의 태풍이 한 지역을 동시에 지날 수 없다.

☐ 태풍의 이름은 총 140개의 이름을 차례대로 사용하고 있다.

독/해/원/리 **글의 내용을 자료에 적용하기**

글의 내용을 주어진 자료에 적용하기 위해서는 먼저 글에 제시되어 있는 정보를 정확히 파악해야
해요. 그중 자료와 관련된 내용을 찾아 연결하여 적용하면 된답니다.

다음 글을 자세히 읽고, 질문에 답해 보세요. [9~12]   ⏱ 읽은 시간 : _____ 분

**긴 글로
만나기**

태풍으로 인한 피해 잇따라

뉴스 원고

2020년 9월 3일 오전 07:27

앵커 :   오늘 새벽 태풍 '마이삭'이 상륙한 부산에는 밤새 강풍이 몰아쳐 1명이 숨
지고 3명이 다쳤습니다. 건물 외벽이 무너지고 차량이 **파손되는** 등 시설
피해도 잇따랐습니다. 자세한 상황을 현장에 있는 윤다경 기자가 전해드
립니다.

기자 :   건물 간판이 도로 위를 나뒹굴고 있습니다. 뿌리째 뽑힌 나무도 보입니다.
오늘 오전 2시 20분경 부산에 상륙한 태풍 마이삭의 영향으로 부산에는
비를 **동반한** 초속 35.7미터의 강한 바람이 불었습니다. 부산의 한 아파트
에서는 바람에 베란다 유리창이 깨지면서 60대 여성이 유리 파편에 맞아
숨지는 일이 발생했습니다. 파도와 강풍으로 인한 부상자들도 잇따랐습니
다. 현재까지 110여 채의 주택이 파손되거나 물에 잠겼습니다. 또 전국
12만여 가구가 정전돼 주민들이 불편을 겪었으며, 가로등이나 철제 구조
물이 넘어져 도로를 막는 등 시설에 대한 피해 신고도 800건이 넘게 접수
됐습니다. 농작물의 피해도 계속 늘어나고 있는 상황입니다.

앵커 :   피해 규모가 상당하군요. 앞으로의 태풍 경로에 대해 기상청을 연결해서
기상 상황 알아보겠습니다.

기상청 : 태풍이 동해안을 따라 북쪽으로 올라가면서 우리나라는 점차 영향권에서
벗어나겠으나, 오늘 오후까지는 **저기압**의 영향으로 전국에 강한 바람이
불고 비가 많이 내리는 곳도 있겠습니다. 특히 경북과 영동에는 최고 250
밀리미터 이상의 집중 호우*가 쏟아지겠으며, 수도권을 포함한 중부 지방
에도 최고 100밀리미터의 비가 오겠습니다. 구름은 밤사이 차차 **걷힐** 것
으로 보입니다.

앵커 :   침수*나 산사태 위험이 있는 지역 주민들께서는 미리 대피하시고 최대한
외출을 자제하여 **재해**로 인한 피해가 없으시길 바랍니다.

* 집중 호우 : 어느 한 지역에 집중적으로 내리는 비.   * 침수 : 물에 잠김.

뉴스에 드러난 사실을 정리하며 빈칸에 알맞은 말을 찾아 써 보세요.

원인	피해	
	인명 피해 상황	시설 피해 신고
태풍 `⎡ ⎤` →	⎡ ⎤ 명 사망, 3명 부상	⎡ ⎤ 건 이상 접수

이해 **10** 이 글을 읽고 알 수 있는 내용에 ∨ 표를 해 보세요.

☐ 태풍의 이동 경로　　　☐ 산사태 위험 지역　　　☐ 파손된 시설의 복구 대책

[11~12] <보기>는 국토를 구분하는 방법에 대한 설명입니다. <보기>를 읽고 질문에 답해 보세요.

<보기>

우리나라는 오래전부터 자연환경을 기준으로 지역을 구분했습니다. 호서, 영동 등은 이러한 전통적인 기준으로 나뉜 지역입니다. 또 나라를 효율적으로 관리하기 위해 행정 구역을 정하여 전라남도(전남), 경상북도(경북) 등 8개의 도로 구분하기도 합니다.

이해 **11** <보기>의 내용을 바르게 이해하지 <u>못한</u> 것에 ∨ 표를 해 보세요.

☐ 전남, 경북은 전통적인 방법으로 구분된 지역이다.

☐ 호서, 영동은 자연환경을 기준으로 구분된 지역이다.

☐ 전라남도, 경상북도는 행정 구역으로 구분된 지역이다.

💡 글의 내용을 자료에 적용하기

추론 **12** 두 지도를 보고, 집중 호우가 쏟아질 것으로 예상되는 지역을 백지도에 색칠해 보세요.

교과 연계
사회 5-1
1단원 우리 국토의
자연환경

교과 융합

사회 ★ 국어

07 난중일기
고전

정답과 해설 15쪽

**어휘로
만나기**

1 빈칸에 들어갈 알맞은 어휘를 골라 써 보세요.

지형   길목   속출하다   접근하다   등지다

■ 전투가 점점 치열해지자 부상을 입는 사람이 │ 했다 │.

뜻 잇따라 나오다.

■ 적군이 이곳으로 │ 지 │ 못하도록 지뢰를 설치했다.

뜻 가까이 다가가다.

■ 이순신 장군은 명량의 험한 │ │을 이용해서 적군을 무찔렀다.

뜻 땅의 생긴 모양.

■ 명량은 적군의 진로를 막는 중요한 │ │이었다.

뜻 길의 중요한 통로가 되는 어귀.

■ 작은 집들이 산을 │ 고 │ 옹기종기 들어서 있다.

뜻 등 뒤에 두다.

---

* **지형** 땅 地 모양 形 * **속출** 이을 續 날 出 * **접근** 접할 接 가까울 近

밑줄 친 어휘 중 주어진 한자가 쓰이지 <u>않은</u> 것에 ∨ 표를 해 보세요.

地
땅 지

☐ 비탈진 **지형**을 이용해 스키장을 지었다.

☐ 이 건물의 **지하** 2층에는 주차장이 있다.

☐ 연진이는 이 지역의 **지리**를 훤히 알고 있다.

☐ 버스가 **지연**되는 바람에 학교에 지각하고 말았다.

주어진 어휘와 뜻이 비슷한 어휘를 <보기>에서 찾아 빈칸에 써 보세요.

길목	=	
속출하다	=	
접근하다	=	

<보기>

다가가다

어귀

잇따르다

밑줄 친 어휘에 알맞은 뜻을 찾아 그 기호를 써 보세요.

등지다	㉠ 등 뒤에 두다. ㉡ 관계를 끊고 멀리하거나 떠나다.

(1) 혁진이는 대학 입학을 위해 정든 동네를 **등지고** 다른 도시로 향했다. (　　　)

(2) 숙소를 **등지고** 왼쪽 골목으로 들어서니 우리가 찾던 음식점이 보였다. (　　　)

짧은 글로 만나기

　　땅이 생긴 모양은 여러 가지입니다. 높이 솟은 땅이 있는가 하면 우묵하게 파여 물이 고인 땅도 있습니다. 이렇게 다양한 땅의 생김새를 ㉠**지형**이라고 합니다. 지형에는 산이 모여 있는 산지, 넓고 평평한 평야, 시내와 강을 뜻하는 하천, 육지와 바다가 맞닿은 해안 등이 있습니다.

　　우리나라는 국토의 70퍼센트가 산지입니다. 높은 산이 주로 동쪽에 몰려 있기 때문에 동쪽이 높고 서쪽이 낮은 지형입니다. 그래서 우리나라의 하천은 대부분 동쪽에서 서쪽으로 흐릅니다. 하천을 따라가면 해안에 이르게 됩니다. 우리나라의 동해안은 해안선이 단조로운 반면에 서해안과 남해안은 해안선이 복잡하고 섬이 많습니다.

이해　**5**　㉠에 포함되지 <u>않는</u> 것에 ○ 표를 해 보세요.

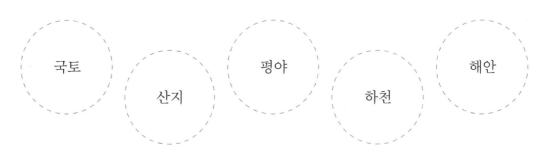

국토　산지　평야　하천　해안

주제　**6**　이 글의 제목으로 가장 알맞은 것에 ∨ 표를 해 보세요.

☐　지형이 형성되는 과정

☐　지형의 뜻과 우리나라 지형의 특징

☐　우리나라 동쪽과 서쪽의 지형이 다른 이유

명량 대첩은 이순신이 명량에서 왜군을 크게 이긴 전투입니다. 명량은 전라남도에 있는 물살이 매우 험하고 폭이 좁은 물길로, 왜군이 서해안으로 진출하기 위한 ㉠**길목**이었습니다. 이순신은 명량의 지형을 이용해 13척의 배로 왜군 함대 133척을 물리쳤습니다.

당시 왜군은 명량을 지나 이순신이 진*을 치고 있는 우수영*을 공격했고, 이순신은 포탄을 퍼부으며 맞섰습니다. 오후가 되자 물살의 방향이 바뀌면서 왜군 함대는 서로 엉켜 가라앉기 시작했습니다. 왜군은 명량의 좁은 물길을 빠져나가지 못하고 공격받아 배 31척을 잃고 모두 달아났습니다. 이 전투는 이순신이 직접 쓴 『난중일기』를 통해 전해지고 있습니다.

* 진 : 군사를 배치하고 머무르는 곳.
* 우수영 : 조선 시대에 전라도·경상도에 군대를 두었던 곳.

어휘 **7** ㉠의 쓰임이 알맞지 <u>않은</u> 것에 ∨ 표를 해 보세요.

☐ 폭설로 인해 **길목**이 막혀 차들이 오도 가도 못하고 있다.

☐ 민정이는 **길목**이 밝아서 딱 한 번 가 본 길도 잘 기억한다.

☐ 경찰은 범인이 빠져나가는 **길목**을 지키고 있다가 즉시 체포했다.

이해 **8** 이 글의 내용과 일치하지 <u>않는</u> 것에 ∨ 표를 해 보세요.

☐ 명량은 물살이 험하고 물길이 좁은 지형이다.

☐ 이순신은 왜군의 공격에 대비해 미리 133척의 함대를 만들어 두었다.

☐ 『난중일기』에는 명량 대첩에 대해 이순신이 직접 쓴 내용이 담겨 있다.

독/해/원/리 **아는 지식을 활용하며 읽기**

이미 알고 있는 지식을 떠올리며 글을 읽으면 작품 속의 상황이나 인물의 심정 등에 대해 더 깊이 있게 이해할 수 있어요. 또 잘 모르는 내용도 짐작할 수 있답니다.

다음 글을 자세히 읽고, 질문에 답해 보세요. [9~12]　　　🕐 읽은 시간 : _____ 분

난중일기

고전 / 이순신

긴 글로 만나기

9월 15일 맑음

그동안 머물렀던 벽파진은 명량을 **등지고** 있어서 왜군보다 병사가 적은 우리에게 불리한 **지형**이다. 그래서 우수영 앞바다로 진을 옮겼다. 그리고 장수들을 불러 "죽고자 하면 살고 살려고만 하면 죽는 법이며, **길목**을 지키면 혼자 1,000명도 막을 수 있다고 하였다. 그러니 살려는 마음을 갖지 말고 싸워라."라고 일렀다.

9월 16일(명량 대첩 당일) 맑음

이른 아침에 망을 보는 병사가 ㉠"셀 수 없이 많은 왜군이 이곳을 향해 오고 있습니다."라고 알렸다. 배를 이끌고 앞바다로 나가니 왜군의 배 133척이 우리를 에워쌌다. 내가 화포를 세차게 쏘아 대자 우리에게 **접근하지** 못했지만, 왜군의 수가 우리보다 몇 배나 많으니 앞일을 알 수 없었다. 장수들은 도망갈 궁리를 했고 병사들은 얼굴빛이 하얗게 질려 있었다.

㉡"적이 1,000척을 이끌고 온다 한들, 우리에게 감히 곧바로 덤벼들지 못할 것이다. 그러니 흔들리지 말고 온 힘을 다해 맞서라."

하고 부드럽게 타이른 후 뒤를 보니, 장수들이 저만치 물러나 아무도 나서지 않았다. 깃발을 올려 장수들을 부르자 안위와 김응함의 배가 다가왔다.

㉢"안위야, 네가 도망간다고 한들 살 수 있을 것 같으냐? 김응함, 나를 호위할 임무를 내버린 죄를 당장 묻고 싶지만, 상황이 급하니 우선 싸워 공*을 세우거라."

내가 차례로 꾸짖자 두 배는 곧장 왜군에게 뛰어들었다. 이때 왜군의 배 세 척이 다가와 안위의 배를 공격했다. 안위와 병사들은 죽음을 각오하고 싸웠고, 나 역시 도와 왜군의 배를 뒤엎었다. 다른 장수들도 힘을 합쳐 싸웠다.

전에 우리에게 항복했던 왜군이 내 배에 타고 있다가 ㉣"저 붉은 비단옷을 입은 자가 바로 적장*입니다."라고 알려 주었다. 곧바로 적장의 머리를 베니 싸울 의지를 잃는 왜군이 **속출했다**. 우리는 일제히 북을 치며 화살과 화포를 쏘았다. 그 소리가 바다를 뒤흔들었다. 명량의 빠른 물살에 우왕좌왕하는 왜군의 배 31척을 쳐부수자 모두 달아나 다시는 우리 가까이 오지 못했다. 실로 하늘이 도운 전투였다.

* 공 : 목적을 이루는 데 기여한 공적.　* 적장 : 적의 우두머리.

이해 **9** 이 글은 이순신이 쓴 『난중일기』입니다. 이 글을 바탕으로 아래 지도의 ㉮~㉰에 대한 설명이 알맞지 <u>않은</u> 것에 ∨ 표를 해 보세요.

☐ ㉮는 이순신이 9월 15일 이전까지 머무르던 곳이다.

☐ ㉯ 지역의 빠른 물살은 이순신이 왜군의 배 31척을 격파하는 데 도움이 되었다.

☐ 이순신은 ㉰가 명량을 등지고 있어서 왜군과 싸우기에 불리한 지형이라고 판단했다.

이해 **10** ㉠~㉣ 중 말하는 사람이 같은 것끼리 묶인 것을 골라 보세요. ( )

① ㉠, ㉡　　　　② ㉠, ㉣　　　　③ ㉡, ㉢　　　　④ ㉡, ㉣　　　　⑤ ㉢, ㉣

💡 아는 지식을 활용하며 읽기

추론 **11** <보기>는 55쪽의 글을 읽고 알게 된 지식입니다. <보기>와 이 글을 통해 짐작한 내용으로 알맞지 <u>않은</u> 것에 ∨ 표를 해 보세요.

<보기>

이순신이 이끄는 배는 왜군에 비해 훨씬 적은 13척밖에 되지 않았습니다. 하지만 이순신은 명량의 지형을 이용하면 이길 수 있다고 판단했습니다. 왜군은 명량을 지나쳐 올라와 우수영 앞바다에서 전투를 벌였습니다. 오후 무렵 물살의 방향이 바뀌자 왜군은 명량의 좁은 물길에 갇힌 채 속수무책으로 공격당해 배 31척을 잃고 달아났습니다.

☐ 이순신은 13척의 배를 이끌고 왜군의 배 133척에 맞서 싸웠던 거구나.

☐ 이순신은 왜군이 명량을 지나쳐 오도록 우수영 앞바다로 진을 옮긴 거구나.

☐ 이순신이 왜군의 배 31척을 쳐부순 것은 9월 16일 아침에 있었던 일이겠구나.

추론 **12** 이 글을 읽고 이순신에 대해 바르게 말한 친구의 이름을 써 보세요. ( )

■ 윤호 : 상황과 지형에 맞는 전략을 써서 전투를 승리로 이끄는 지혜로운 사람이야.

■ 영란 : 전투에서 승리하기 위해 병사들의 목숨을 가벼이 여기는 무자비한 사람이야.

■ 해솔 : 불리한 상황에서는 적장과 협상해 평화롭게 해결할 줄 아는 현명한 사람이야.

08 꿀벌 마을버스 운행 안내
안내문

정답과 해설 17쪽

**어휘로
만나기**

1 빈칸에 들어갈 알맞은 어휘를 골라 써 보세요.

노선 　살펴보다 　폐지되다 　운행하다 　편입

■ 답안지에 잘못되거나 빠진 부분이 없는지 다시 한번 　았다 .

　(뜻) 여기저기 빠짐없이 자세히 보다.

■ 이 역은 세 개의 지하철 　　　　 이 만나는 곳이라 교통이 편리하다.

　(뜻) 일정한 두 지점을 정기적으로 오가는 교통선.

■ 우리 학교는 학생들의 등하교를 위해 통학 버스를 　　　고 있다.

　(뜻) 정해진 길을 따라 차량 따위를 운전하여 다니다.

■ 최근에는 작은 도시가 큰 도시로 　　　　 되는 일이 적지 않다.

　(뜻) 이미 짜여진 것에 끼어 들어감.

■ 시내버스 노선이 　　　는 바람에 일찍 집을 나섰다.

　(뜻) 실시해 온 제도나 일 따위를 그만두거나 없애다.

＊**노선** 길 路 선 線　＊**폐지** 버릴 廢 그칠 止　＊**운행** 운전할 運 다닐 行　＊**편입** 엮을 編 들 入

2 밑줄 친 어휘 중 주어진 한자가 쓰이지 <u>않은</u> 것에 ∨ 표를 해 보세요.

<table>
<tr>
<td rowspan="4">

路
길 로(노)

</td>
<td>□ 마을버스 **노선**이 자주 바뀌자 주민들이 반발했다.</td>
</tr>
<tr>
<td>□ 소담이는 **진로** 상담을 위해 선생님을 찾아갔다.</td>
</tr>
<tr>
<td>□ 수업 시간에 **노인**을 공경해야 한다고 배웠다.</td>
</tr>
<tr>
<td>□ 이 **도로**는 출퇴근 시간에 항상 막힌다.</td>
</tr>
</table>

유의어 **3** 주어진 어휘와 뜻이 비슷한 어휘를 <보기>에서 찾아 빈칸에 써 보세요.

살펴보다	=	
폐지되다	=	
운행하다	=	

<보기>

다니다
들여다보다
없어지다

다의어 **4** 밑줄 친 어휘에 알맞은 뜻을 찾아 그 기호를 써 보세요.

편입	㉠ 이미 짜여진 것에 끼어 들어감. ㉡ 첫 학년에 입학하지 않고 어떤 학년에 끼어 들어가거나 다니던 학교를 그만두고 다른 학교에 들어감.

(1) 이 지역은 곧 광역시로 **편입**될 예정이다.   (   )

(2) 재영이는 **편입** 시험에 합격하여 우리 학교에 3학년으로 들어왔다.   (   )

짧은 글로
만나기

인구 분포란 사람들이 어디에 얼마나 모여 살고 있는가를 나타낸 것으로, 자연적 요인과 사회·경제적 요인의 영향을 받아 지역마다 고르지 않게 나타납니다.

농업을 주로 하던 전통 사회에서 인구 분포는 지형이나 기후와 같은 자연적 요인의 영향을 많이 받았습니다. 하천이나 강을 끼고 있는 평야 지역은 사람들이 많이 모여 살아서 인구 밀도*가 높았고, 산지 지역은 인구 밀도가 낮았습니다. 1960년대 이후부터는 교통, 산업 등 사회·경제적 요인의 영향을 많이 받았습니다. 산업화로 인해 대중교통 **노선**이 발달하고 일자리가 많은 대도시 지역의 인구 밀도가 급격하게 높아졌습니다.

* **인구 밀도** : 일정한 넓이 안에 살고 있는 인구로, 인구의 밀집 정도를 나타냄.

이해 **5** 빈칸에 들어갈 알맞은 말을 이 글에서 찾아 써 보세요.

인구 분포에 영향을 주는 요인에는 [   ] 요인과

[   ] · [   ] 요인이 있다.

이해 **6** 이 글의 내용과 일치하는 것에 ∨ 표를 해 보세요.

☐ 인구 분포는 사람들이 얼마나 자주 이동하는가를 나타낸 것이다.

☐ 전통 사회에서는 평야 지역보다 산지 지역의 인구 밀도가 높았다.

☐ 사회·경제적 요인의 영향으로 대도시 지역의 인구 밀도가 높아졌다.

　　지방 자치 단체*는 주민들이 효율적으로 대중교통을 이용할 수 있도록 여러 가지 노력을 하고 있습니다.

　　첫째, 환승 할인 제도를 운영하여 주민들의 경제적인 부담을 덜어 줍니다. 환승 할인 제도란 다른 노선이나 대중교통 수단으로 바꿔 탈 때 교통비를 할인해 주는 것을 말합니다. 둘째, 보다 많은 주민들이 대중교통을 편리하게 이용할 수 있도록 노선을 조정합니다. 신도시가 들어서거나 한 도시가 다른 지역으로 　ㄱ　 되는 일이 생겼을 때, 주민들의 의견을 모아 대중교통의 노선을 변경하여 **운행하도록** 합니다.

* **지방 자치 단체** : 법이 정하는 범위 안에서 그 지역의 행정을 처리하는 단체.

어휘 **7** ㉠에 들어갈 어휘로 알맞은 것에 ○ 표를 해 보세요.

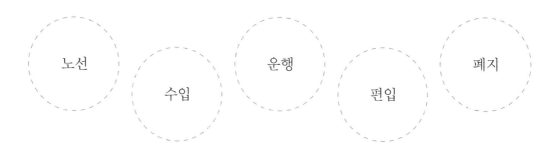

노선　　수입　　운행　　편입　　폐지

이해 **8** 이 글의 내용과 일치하지 <u>않는</u> 것에 ∨ 표를 해 보세요.

☐ 지방 자치 단체는 주민들을 위한 여러 가지 일을 한다.

☐ 지방 자치 단체는 대중교통의 노선을 변경하기도 한다.

☐ 환승 할인 제도는 신도시 주민들에게 교통비를 할인해 주는 것을 말한다.

독/해/원/리 **필요한 정보를 파악하며 읽기**

안내문은 일상생활에서 필요한 정보를 빠르게 전달하기 위해 표나 그림을 이용하여 보기 쉽게 나타낸 글이에요. 전달하려는 정보가 무엇인지 파악하며 글을 읽어 보세요.

다음 글을 자세히 읽고, 질문에 답해 보세요. [9~12]　　　🕐 읽은 시간 : _____ 분

긴 글로 만나기

꿀벌 마을버스 운행 안내

안내문

저희 꿀벌 마을버스를 이용해 주시는 주민 여러분께 감사의 말씀을 전합니다. 다름이 아니라 꿀벌역에서 소서리와 어주리를 오가는 마을버스의 이용 주민이 줄어들어 기존의 버스 **노선**이 변경 및 **폐지되었음**을 알려드립니다.

폐지되는 노선은 마을버스 02번의 운행 노선입니다. 그동안 마을버스 02번을 이용하셨던 주민들의 불편을 줄이기 위해, 02번 노선의 일부를 01번의 노선으로 **편입**하여 **운행할** 예정입니다. 아래의 변경 내용을 자세히 **살펴보시고**, 버스 이용에 불편이 없으시길 바랍니다.

- 변경 시행일 : 2022년 5월 24일
- 변경 내용

구분	변경 전	변경 후
마을버스 01번	[노선] 꿀벌역 → 소서리 경로당 → 어주시장 → 어주초등학교 → 꿀벌역 회차* [첫차] 꿀벌역 06시 [막차] 꿀벌역 19시 [배차 간격] 1시간 30분	[노선] 꿀벌역 → 소서리 경로당 → 어주시장 → 어주초등학교 → 어주리 행정 복지 센터 → 꿀벌역 회차 [첫차] 꿀벌역 06시 [막차] 꿀벌역 20시 [배차 간격] 1시간
마을버스 02번	[노선] 꿀벌역 → 소서리 사거리 → 어주초등학교 → 어주리 행정 복지 센터 → 꿀벌역 회차	[운행 종료]

- 문의 사항 및 민원 접수
  - 산주 군청 교통 민원과 : 073-123-4567
  - 꿀벌 마을버스 산주 영업소 : 073-345-6789

＊**회차** : 대중교통 수단이 목적지까지 이동한 후 다시 돌아오는 과정.

9 이 글이 알리고자 하는 내용으로 가장 알맞은 것에 ∨ 표를 해 보세요.

　□ 마을버스 노선 변경　　　　　　□ 시장 할인 행사

　□ 마을버스 첫차 시간 변경　　　　□ 행정 복지 센터 이전

🔅 필요한 정보를 파악하며 읽기

10 이 글을 읽고 알 수 있는 내용이 <u>아닌</u> 것을 골라 보세요.　　　　（　　　）

　① 산주 군청의 교통 민원과 전화번호

　② 꿀벌 마을버스의 노선 변경 시행 날짜

　③ 꿀벌 마을버스 산주 영업소 찾아가는 길

　④ 꿀벌 마을버스 01번의 첫차 시간과 막차 시간

　⑤ 소서리와 어주리를 다니는 꿀벌 마을버스의 운행 노선

11 아래와 같은 안내문을 붙여야 하는 곳을 골라 보세요.　　　　（　　　）

> ### 버스 정류장 폐지 안내
>
> 5월 24일부터 이 정류장에는 버스가 정차하지 않습니다.
> 가까운 곳의 다른 정류장을 이용하시기 바랍니다.

　① 꿀벌역　　　　② 어주시장　　　　③ 소서리 사거리
　④ 소서리 경로당　　⑤ 어주리 행정 복지 센터

✏️ 서술형

12 꿀벌 마을버스 02번이 폐지된 까닭을 이 글에서 찾아 써 보세요.

　꿀벌역에서 소서리와 어주리를 오가는 _____

　_____ 때문입니다.

09 어린이의 인권은 어떻게 보호받나요?

설명문

정답과 해설 19쪽

어휘로
만나기

1 빈칸에 들어갈 알맞은 어휘를 골라 써 보세요.

인권　　마땅하다　　존중　　협약　　누리다

■ 우리 반 선생님은 학생들의 [　　　　]을 보호하기 위해 체벌하지 않는다.

(뜻) 모든 인간이 인간으로서 당연히 가지는 기본적인 권리.

■ 물건을 훔친 사람은 벌을 받아야 [　　　다].

(뜻) 그렇게 하는 것이 옳거나 당연하다.

■ 우리나라는 경제 발전을 위해 여러 나라와 [　　　　]을 맺었다.

(뜻) 공동의 목적을 이루기 위해 개인이나 단체, 국가가 의논하여 약속을 맺음.

■ 사람은 누구나 행복을 [　　　고] 싶어 한다.

(뜻) 생활 속에서 마음껏 즐기거나 맛보다.

■ 다른 사람의 의견을 [　　　　]해야 한다.

(뜻) 사람이나 의견을 높이어 귀중하게 대함.

---

* **인권** 사람 人 권리 權　　* **존중** 높을 尊 중요할 重　　* **협약** 도울 協 맺을 約

밑줄 친 어휘 중 주어진 한자가 쓰이지 <u>않은</u> 것에 ∨ 표를 해 보세요.

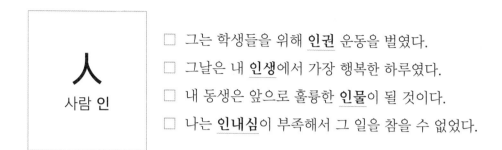

人
사람 인

☐ 그는 학생들을 위해 **인권** 운동을 벌였다.
☐ 그날은 내 **인생**에서 가장 행복한 하루였다.
☐ 내 동생은 앞으로 훌륭한 **인물**이 될 것이다.
☐ 나는 **인내심**이 부족해서 그 일을 참을 수 없었다.

두 어휘의 뜻이 서로 비슷하면 =, 반대이면 ↔ 표를 해 보세요.

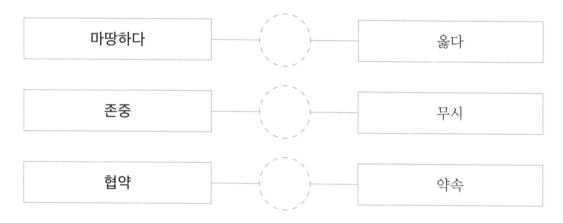

| 마땅하다 | ◯ | 옳다 |

| 존중 | ◯ | 무시 |

| 협약 | ◯ | 약속 |

밑줄 친 어휘에 알맞은 뜻을 찾아 그 기호를 써 보세요.

| 누리다 | ㉠ 생활 속에서 마음껏 즐기거나 맛보다. |
| | ㉡ 고기에 기름기가 많아 맛이 메스껍고 비위에 거슬리다. |

(1) 돼지고기의 **누린** 냄새를 없애기 위해 생강을 넣었다.　　　　　　(　)
(2) 조선 시대 노비들은 억압에서 벗어나 자유를 **누리며** 살고자 했다.　(　)

**짧은 글로
만나기**

　모든 인간은 태어나면서부터 인간답게 살아갈 권리를 가집니다. 이 권리를 **인권**이라고 합니다. 인권을 ㉠귀하고 소중하게 여기는 사례는 우리 주변에서 쉽게 찾아볼 수 있습니다.

　먼저 공중화장실에 있는 유아용 변기 커버나 높이가 낮은 세면대가 있습니다. 이것은 키와 몸집이 작은 어린아이가 편하게 이용할 수 있도록 설치한 것입니다. 또 건물 바닥이나 도로에 점자 블록을 깔아서 앞을 보지 못하는 시각 장애인이 걷는 데 도움을 주고 있습니다. 그 밖에도 노약자와 임산부를 위해 버스나 지하철에 좌석을 따로 만들거나 몸이 약한 노인을 위해 무료 예방 접종을 시행하는 등 우리 사회는 인권을 보장하기 위해 다양한 노력을 하고 있습니다.

어휘 **5** ㉠과 바꿔 쓸 수 있는 어휘에 ○ 표를 해 보세요.

미워하는

좋아하는

존중하는

차별하는

억누르는

이해 **6** 인권을 보호하는 사례가 <u>아닌</u> 것에 ∨ 표를 해 보세요.

☐ 지하철에 임산부 배려석을 만들었다.

☐ 공중화장실에 있는 유아용 변기 커버를 없앴다.

☐ 횡단보도 앞이나 지하철 승강장 입구에 점자 블록을 깔았다.

5월 5일 어린이날은 누가 만들었을까요? 바로 일제 강점기에 아동 문학가로 활동했던 방정환입니다. 그는 아이들을 위한 첫 아동 잡지인 『어린이』를 발간하며 '어린이'라는 단어를 널리 알린 인물입니다.

당시의 아이들은 어리다는 이유로 인권을 **존중**받지 못하는 경우가 많았습니다. 하지만 방정환은 아이들이야말로 우리 민족의 미래라고 생각했습니다. 그래서 어른을 대상으로 어린이에 관한 강연을 하거나, 아이들이 책을 읽고 밝게 자랄 수 있도록 아동 문학 작품을 펴냈습니다. 1923년에는 우리나라 최초로 어린이날을 제정해 어린이의 인권을 높이는 데 큰 도움을 주었습니다.

이해 **7** 빈칸에 들어갈 알맞은 말을 이 글에서 찾아 써 보세요.

방정환은 아이들을 우리 민족의 [   ]라고 생각하고,

어린이의 [   ]을 높이기 위한 여러 활동을 했다.

주제 **8** 이 글의 제목으로 가장 알맞은 것에 ∨ 표를 해 보세요.

☐ 문학을 사랑한 방정환

☐ 어린이를 위해 힘쓴 방정환

☐ 일제 강점기를 대표하는 독립운동가, 방정환

독/해/원/리 **글의 주제를 파악하며 읽기**

글에서 반복되는 말을 살펴보며 설명하고자 하는 대상이 무엇인지 찾고, 글쓴이가 글을 쓴 까닭을 생각하면서 읽으면 글의 주제를 쉽게 파악할 수 있어요.

다음 글을 자세히 읽고, 질문에 답해 보세요. [9~12]　　　🕐 읽은 시간 : _____ 분

긴 글로 만나기

어린이의 인권은 어떻게 보호받나요?　　설명문

인권이란 사람으로서 당연히 **누려야** 하는 권리로, 인간답게 살 권리를 뜻합니다. 인권은 사람이라면 누구에게나 인정되는 기본적인 권리입니다. 어느 나라 사람이건, 남자건 여자건, 나이가 많건 적건 상관없이 모든 사람에게 평등하게 보장됩니다. 또 인권은 어떠한 이유로도 무시당해서는 안 됩니다. 자신의 권리를 보호받는 것이 중요한 만큼 다른 사람의 인권도 **존중**하는 자세가 필요합니다.

1989년 유엔(UN)*에서는 전 세계에 있는 만 18세 미만의 어린이와 청소년의 인권을 보호하기 위해 '유엔 아동 권리 **협약**'을 만들었습니다. 유엔 아동 권리 협약에서는 어린이를 단순한 보호 대상이 아닌 권리를 누리는 인간 존재로 보고 있습니다. 또 이 세상의 어린이라면 누구나 **마땅히** 누려야 할 권리로 생존의 권리, 보호의 권리, 발달의 권리, 참여의 권리를 제시합니다.

먼저 생존의 권리는 적절한 수준의 삶을 누리는 데 필요한 권리를 말합니다. 안전한 주거지에서 살고 충분한 영양을 섭취하며 기본적인 보건 서비스를 받는 것 등이 생존의 권리에 포함됩니다.

보호의 권리는 해로운 것으로부터 보호받을 권리입니다. 이 권리를 통해 어린이에게 행해지는 모든 차별과 학대, 폭력, 지나친 노동 등을 금지하고 있습니다.

발달의 권리는 잠재 능력을 최대한 발휘하는 데 필요한 권리입니다. 이 권리는 어린이가 자신이 가진 능력을 마음껏 펼칠 수 있도록 교육받을 권리와 문화생활을 즐길 권리를 보장하고 있습니다.

마지막으로 참여의 권리는 자신에게 영향을 끼치는 일에 대해 의견을 말하고 존중받을 권리를 말합니다. 표현의 자유, 사생활을 보호받을 권리, 모임에 자유롭게 참여할 수 있는 권리 등이 참여의 권리에 포함됩니다.

＊유엔(UN) : 국가 간의 평화와 안전을 위해 세계 여러 나라로 구성된 국제단체.

주제 **9** 이 글의 주제를 바르게 이해하지 <u>못한</u> 친구에 ∨ 표를 해 보세요.

☐ 원준 : 글쓴이는 유엔 아동 권리 협약을 알려 주기 위해 이 글을 썼을 거야.

☐ 미진 : 권리라는 말이 반복되니까 이 글의 주제는 권리와 관련돼 있을 거야.

☐ 시열 : 이 글은 몸이 불편한 어린이들을 보호하는 권리에 대해 설명하고 있어.

이해 **10** '유엔 아동 권리 협약'에 대한 설명으로 알맞은 것을 골라 보세요. ( )

① 1986년 유엔에서 만들었다.
② 생존의 권리에는 표현의 자유가 포함된다.
③ 어린이라면 누려야 하는 네 가지 권리를 제시한다.
④ 미국과 유럽에 있는 만 18세 미만의 아동을 위해 만들어졌다.
⑤ 보호의 권리는 자신에게 영향을 끼치는 일에 대해 의견을 말하고 존중받을 권리다.

추론 **11** 이 글을 읽고 난 반응으로 알맞지 <u>않은</u> 것을 골라 보세요. ( )

① 아이를 온종일 일하게 하는 것은 보호의 권리에 어긋나.
② 학생들이 학교에서 교육을 받는 것은 발달의 권리에 포함돼.
③ 어린이가 하루 세끼 건강한 식단을 먹는 것은 생존의 권리에 해당해.
④ 발달의 권리에 따르면 아이가 아플 때는 병원에 가서 치료를 받아야 해.
⑤ 초등학생이 자신이 원하는 방과 후 활동에 참여하는 것은 참여의 권리에 속해.

✏️ 서술형

이해 **12** '유엔 아동 권리 협약'에서는 어린이를 어떤 존재로 보는지 이 글에서 찾아 써 보세요.

유엔 아동 권리 협약에서는 어린이를 _____

_____ 존재로 보고 있습니다.

10 우리 가족은 의무 지킴이!
일기

정답과 해설 21쪽

**어휘로
만나기**

1 빈칸에 들어갈 알맞은 어휘를 골라 써 보세요.

| 의무 | 제재 | 보장 | 다하다 | 국경일 |

■ 각자 맡은 역할을 [　　여　　] 성공적으로 일을 끝마쳤다.

　(뜻) 어떤 일을 완전히 이루거나 다 해내다.

■ 모든 국민은 헌법을 지켜야 할 [　　　　] 를 지닌다.

　(뜻) 법으로 정해져 강제성이 있는, 반드시 해야 하는 일.

■ 수업에 빠지는 학생은 강한 [　　　　] 를 받을 것이다.

　(뜻) 규칙이나 관습을 지키지 않는 것을 제한하거나 금지함.

■ 민주주의 국가에서는 국민의 자유와 권리가 [　　　　] 된다.

　(뜻) 어떤 일이 어려움 없이 이루어지도록 조건을 마련하여 보호함.

■ 2005년에 한글날이 다시 [　　　　] 로 지정되었다.

　(뜻) 나라의 경사를 기념하기 위해 국가에서 법으로 정하여 축하하는 날.

---

* **의무** 옳을 義 힘쓸 務　* **제재** 억제할 制 절제할 裁　* **보장** 보전할 保 가로막을 障　* **국경일** 나라 國 경사 慶 날 日

밑줄 친 어휘 중 주어진 한자가 쓰이지 **않은** 것에 ∨ 표를 해 보세요.

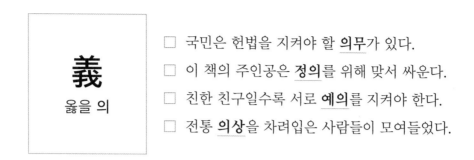

義
옳을 의

☐ 국민은 헌법을 지켜야 할 **의무**가 있다.

☐ 이 책의 주인공은 **정의**를 위해 맞서 싸운다.

☐ 친한 친구일수록 서로 **예의**를 지켜야 한다.

☐ 전통 **의상**을 차려입은 사람들이 모여들었다.

상위어 **3** 주어진 어휘를 보고, 알맞은 어휘를 <보기>에서 찾아 빈칸에 써 보세요.

<보기>   한글날   국경일   명절

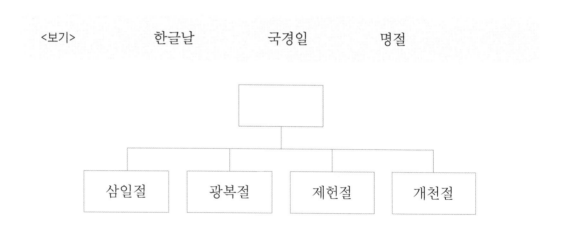

삼일절   광복절   제헌절   개천절

유의어 **4** 주어진 어휘와 뜻이 비슷한 어휘를 <보기>에서 찾아 빈칸에 써 보세요.

| 제재 | = | |

<보기>

| 보장 | = | |

해내다

처벌

보호

| 다하다 | = | |

짧은 글로 만나기

　　국가가 만든 강제성이 있는 규칙을 법이라고 합니다. 법은 사람들이 사회생활에서 꼭 지켜야 하는 행동 기준입니다. 양심에 비추어 스스로 마땅히 지켜야 하는 도덕과 달리, 법을 지키지 않았을 때는 그에 따른 　⊙　 를 받게 됩니다.

　　일상생활에서 법으로 정해져 있는 일은 많습니다. 어린이에게 일어날 수 있는 사고를 예방하기 위해 어린이가 사용하는 모든 제품을 안전하게 만들도록 하는 '어린이 제품 안전 특별법', 국민의 건강 증진을 위해 음식을 위생적으로 조리하고 올바른 식품 정보를 제공하도록 하는 '식품 위생법' 등이 있습니다. 이러한 법은 우리가 안전하고 편안하게 생활할 수 있도록 도와줍니다.

어휘 **5** ⊙에 들어갈 어휘로 알맞은 것에 ○ 표를 해 보세요.

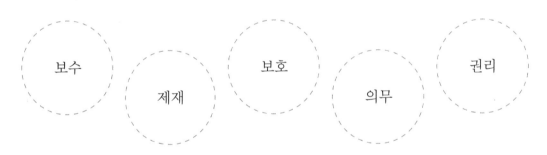

보수　　제재　　보호　　의무　　권리

이해 **6** '법'에 대한 설명으로 알맞지 <u>않은</u> 것에 ∨ 표를 해 보세요.

☐ 국가에서 정한 강제성이 있는 규칙을 말한다.

☐ 사회생활에서 꼭 지켜야 하는 행동의 기준이 된다.

☐ 각자 양심에 따라 스스로 마땅히 지켜야 하는 규칙이다.

헌법*에는 국민의 기본권이 나타나 있습니다. 헌법에서 **보장**하는 기본권은 평등권, 자유권, 참정권, 청구권, 사회권 등 다섯 가지입니다. 헌법은 국민의 기본권이 함부로 침해당하지 않도록 보호하고 있습니다.

아파트 경비원을 채용할 때 나이를 만 65세 이하로 제한하는 것은 평등권을 침해하는 행위입니다. 그리고 상대방의 동의 없이 멋대로 불법 촬영을 하는 것은 자유권 침해에 해당합니다. 사람이 살고 있는 집을 강제로 철거하는 것은 사회권을 침해하는 것입니다. 헌법은 이처럼 기본권을 침해하는 행위를 **제재**할 근거를 마련하고 있습니다.

* **헌법** : 국가를 다스리는 기본 원리이자 국민의 기본권을 보장하는 법.

이해 **7** 빈칸에 들어갈 알맞은 말을 이 글에서 찾아 써 보세요.

상대방의 동의 없이 불법 촬영을 하는 것은 헌법에 제시된

국민의 기본권 중에서 ⬚⬚⬚ 을 침해하는 행위다.

이해 **8** 이 글의 내용과 일치하지 <u>않는</u> 것에 ∨ 표를 해 보세요.

☐ 헌법은 국민의 기본권을 보장한다.

☐ 기본권에는 평등권, 자유권, 참정권, 청구권, 사회권이 있다.

☐ 사람이 살고 있는 집을 강제로 철거하는 것은 청구권 침해에 해당한다.

다음 글을 자세히 읽고, 질문에 답해 보세요. [9~12]　　　　🕐 읽은 시간 : _____ 분

**긴 글로
만나기**

우리 가족은 의무 지킴이!

일기

20○○년 9월 7일 수요일　날씨 : 맑음

　오늘 학교 사회 시간에 헌법에서 정해 놓은 국민의 **의무**에 관해 배웠다. 헌법은 법 중에서도 가장 기본이 되는 법이다. 헌법을 바탕으로 여러 가지 법을 만드는 것이라고 했다. 7월 17일 제헌절은 우리나라 헌법이 제정된 것을 기념하는 날이라는 것도 오늘 처음으로 알게 됐다. **국경일**로 지정될 정도라니, 역시 우리나라 최고의 법답다고 생각했다.

　헌법은 우리나라 국민의 기본권을 **보장**한다. 또 모든 국민의 기본권 보호와 나라의 발전을 위해 교육의 의무, 납세의 의무, 근로의 의무, 국방의 의무, 환경 보전의 의무 등 국민으로서 반드시 지켜야 하는 의무도 함께 제시한다. 만약 이를 어긴다면 **제재**를 받을 수 있다고 한다. 우리가 행복하게 살아가려면 헌법에 나타난 권리를 보장하고 의무를 실천하는 것이 모두 필요하다고 생각했다.

　곰곰이 살펴보니 우리 가족 모두가 이러한 의무를 성실하게 실천하고 있었다. 먼저 ㉠부모님께서는 교육의 의무를 지키고 있다. 교육의 의무란 자녀가 잘 성장할 수 있도록 교육을 받게 할 의무를 말한다. 부모님은 나의 교육을 위해 학교는 물론 태권도 학원에도 보내 주신다. 또 큰누나는 카페를 운영하며 근로의 의무를 실천하고 있다. 근로의 의무는 개인과 나라의 발전을 위해 일할 의무를 말한다. 그리고 매달 소득에 따른 세금을 내며 납세의 의무도 성실하게 지키고 있다. 올해 초 군인이 된 작은형은 국방의 의무를 **다하는** 중이다. 군대에서 우리 모두의 안전을 위해 나라를 지켜 주고 있다. 마지막으로 ㉡나는 지난주 주말에 환경 보전의 의무를 실천할 것이다. 식목일을 맞이하여 가족들과 뒷산에 올라가서 공기를 맑게 하고 미세 먼지를 흡수하는 데 도움을 주는 소나무와 잣나무를 심었기 때문이다.

　헌법에 나타난 의무라고 하니 처음에는 거창하고 부담스럽게 느껴졌지만, 알고 보니 모두가 일상 속에서 지키며 살아가고 있었다. 나도 앞으로 모든 의무를 성실히 지키는 바람직한 어른이 되기로 다짐했다.

이 글의 부제목으로 가장 알맞은 것에 ∨ 표를 해 보세요.

　□ 우리 가족이 주말에 하는 일　　　□ 헌법에 나타난 국민의 의무

　□ 헌법 제정을 기념하는 제헌절　　　□ 환경 보전을 위해 나무 심기

이해 10 다음 조항이 가리키는 국민의 의무로 알맞은 것을 골라 보세요.　　　（　　　　　）

> 제31조 2항. 모든 국민은 그 보호하는 자녀에게 적어도 초등교육과 법률이 정하는 교육을 받게 할 의무를 진다.

① 교육의 의무　　　　② 근로의 의무　　　　③ 납세의 의무
④ 국방의 의무　　　　⑤ 환경 보전의 의무

이해 11 이 글의 내용을 바르게 이해한 친구를 골라 보세요.　　　（　　　　　）

① 다온 : 글쓴이의 작은형은 납세의 의무를 실천하고 있어.
② 여진 : 글쓴이의 큰누나는 환경 보전의 의무를 지키지 않아도 돼.
③ 재민 : 헌법에서는 하나 이상의 의무를 지키면 된다고 제시하고 있어.
④ 승찬 : 자녀를 학교에 보내지 않는 것은 국방의 의무에 어긋나는 일이야.
⑤ 미정 : 환경 보전의 의무를 지키기 위해 쓰레기를 함부로 버리지 않을 거야.

✎ 서술형

💡 문장의 호응 관계를 생각하며 읽기

추론 12 <보기>를 참고하여 ㉠과 ㉡을 알맞게 고쳐 보세요.

<보기>

　문장에서 서술어는 시간을 나타내는 말, 높임의 대상을 나타내는 말, 동작을 당하는 주어와 알맞은 호응을 이루어야 합니다. 예를 들어 '어머니께서 밥을 짓고 계신다'에서 '-께서'는 높임의 대상에게 쓰이는 말로, '계신다'와 호응을 이룹니다. 또 '어제 미술관에 갔다'에서 '어제'는 과거의 시간을 나타내는 말로, '-았-'과 호응을 이룹니다.

㉠ → --

㉡ → --

정답과 해설 23쪽

[1~6]   다음 뜻풀이에 알맞은 어휘를 오른쪽 글 상자에서 찾아 동그라미 해 보세요.

불	만	주	요	길	목
행	인	권	점	눈	저
동	간	절	마	대	기
보	파	손	되	다	압
편	지	시	하	국	보
입	학	교	다	반	장

1. 이미 짜여진 것에 끼어 들어감.

2. 길의 중요한 통로가 되는 어귀.

3. 그렇게 하는 것이 옳거나 당연하다.

4. 깨뜨려 못 쓰게 하거나 깨어져 못 쓰게 되다.

5. 대기 중에서 높이가 같은 주위보다 기압이 낮은 영역.

6. 모든 인간이 인간으로서 당연히 가지는 기본적인 권리.

[7~9]   밑줄 친 어휘와 뜻이 비슷한 어휘를 <보기>에서 골라 괄호 안에 써 보세요.

<보기>	속출하다	보장하다	누리다	폐지되다

7. 시청률이 낮은 몇 가지 프로그램이 **없어졌다**.   (   )

8. 국가는 개인 생활의 자유를 **보호해야** 한다.   (   )

9. 가뭄이 계속되어 농작물의 피해가 **잇따르고** 있다.   (   )

[10~12]   빈칸 안에 들어갈 알맞은 어휘에 ○ 표를 해 보세요.

10. 아버지의 고향은 산골이라 버스가 하루에 한 번만 [운행] [진행] 한다고 한다.

11. 내 짝꿍은 반장으로서의 책임을 [구하기] [다하기] 위해 노력을 많이 한다.

12. 제헌절은 [국경일] [명절] 이지만 공휴일이 아니어서 쉬지는 않는다.

[13~17]   괄호 안에 들어갈 알맞은 어휘를 <보기>에서 골라 써 보세요.

<보기>   제재   살펴보다   등지다   재해   지형

13. 음식에 무엇이 들어갔는지 성분표를 꼼꼼하게 (았다).

14. 우리에게 언제 닥쳐올지 모르는 자연(   )에 대비해야 한다.

15. 법을 어긴 사람들은 강력한 (   )를 받을 것이다.

16. 우리나라의 (   )은 전체적으로 동쪽이 높고 서쪽이 낮은 편이다.

17. 그 아파트는 산을 (고) 강을 내려다보는 좋은 위치에 있다.

18. <보기>의 뜻에 해당하는 어휘를 골라 보세요.   (   )

<보기>   ㉠ 일을 하거나 어디를 가는 등의 행동을 할 때 함께 짝을 함.
              ㉡ 어떤 사물이나 현상이 함께 생김.

① 의무   ② 접근   ③ 협약   ④ 동반   ⑤ 노선

[19~20]   밑줄 친 어휘를 활용하여 새로운 문장을 만들어 보세요.

19. 안개가 서서히 **걷히자** 산봉우리가 선명하게 드러났다.

    → _____

20. 토의를 할 때는 상대방을 **존중**하는 마음을 가져야 한다.

    → _____

문장의 호응 관계

개념 적용   1. 아래 표를 보고 주어와 서술어가 호응하도록 주어진 문장을 바르게 고쳐 써 보세요.

호응 관계의 종류		예시 문장
■ 높임의 대상을 나타내는 말과 서술어의 호응	→	아버지께서 동화책을 읽어 **주셨다**.
■ 시간을 나타내는 말과 서술어의 호응	→	내일 친구들과 놀이공원에 **갈 것이다**.
■ 동작을 당하는 주어와 서술어의 호응	→	**나는** 누나 등에 **업혔다**.

(1)   할머니께서 맛있는 찹쌀떡을 줬다.

→ _____

(2)   다음 주 토요일에 가족과 야구장에 갔다.

→ _____

(3)   나는 날아오는 축구공을 손으로 잡혔다.

→ _____

맞춤법   2. 아래 표를 보고 주어진 문장의 맞춤법이 맞으면 ○, 틀리면 × 표를 해 보세요.

걷히다	거치다
■ 구름이나 안개 따위가 흩어져 없어지다. ㉔ 안개가 **걷히기를** 기다렸다. ■ 비가 그치고 맑게 개다. ㉔ 장마가 **걷히고** 무더위가 찾아왔다.	■ 오가는 도중에 어디를 지나거나 들르다. ㉔ 대구를 **거쳐** 부산으로 갔다. ■ 어떤 과정이나 단계를 겪거나 밟다. ㉔ 초등학교를 **거친** 후 중학교에 입학한다.

(1)   황사가 **거치면** 산책을 나갈 것이다.   (   )

(2)   그는 가난한 시절을 **걷혀** 성공하여 부자가 되었다.   (   )

(3)   4호선 열차는 사당역을 **거쳐** 오이도역까지 간다.   (   )

왜군에게 둘러싸여 **사면초가**인 상황에서도
고군분투 끝에 결국 승리하다니,
이순신은 역시 **백전백승**의 명장이야.

진퇴양난에 놓여 꼼짝 못 하는 왜군을
파죽지세로 공격해서 무찔렀지.
내가 있는 한 조선은 **난공불락**일 것이다!

● **사면초가**　넷四　면面　초나라楚　노래歌

사방이 적에게 둘러싸여 아무 도움도 못 받는 곤란한 상황을 말합니다.

● **고군분투**　외로울孤　군사軍　떨칠奮　싸움鬪

도움을 받지 못하는 외로운 군대가 적군과 용감히 맞서는 모습을 말합니다.

● **백전백승**　일백百　싸울戰　일백百　이길勝

백 번을 싸우면 백 번 다 이긴다는 뜻으로, 싸울 때마다 이긴다는 말입니다.

● **진퇴양난**　나아갈進　물러날退　두兩　어려울難

나아가지도 못하고 뒤로 물러설 수도 없는 어려운 처지를 말합니다.

● **파죽지세**　깨트릴破　대나무竹　~의之　기세勢

대나무를 단번에 쪼개듯이 거침없이 적을 물리치는 기세를 말합니다.

● **난공불락**　어려울難　공격할攻　아니不　떨어질落

공격하기가 어려울뿐더러 쉽게 함락되지도 않는 장소나 상대를 말합니다.

과학
수학

교과 연계
과학 5-1
1단원 과학자는
어떻게 탐구할까?

교과 융합

과학 ★ 국어

11 전기의 천재 니콜라 테슬라
전기문

정답과 해설 24쪽

어휘로
만나기

1 빈칸에 들어갈 알맞은 어휘를 골라 써 보세요.

| 탐구 | 상용 | 원격 | 일생 | 깊숙이 |

■ 과학자는 연구를 통해 과학 지식을 [   ] 하는 사람이다.

뜻 진리, 학문 따위를 파고들어 깊이 연구함.

■ 무선 통신은 오늘날 일상에서 [   ] 되고 있다.

뜻 일상적으로 씀.

■ 그는 연구에 [   ] 몰두했다.

뜻 유독 수준이 높거나 정도가 심하게.

■ 이 가전제품은 애플리케이션을 통해 [   ] 으로 조정할 수 있다.

뜻 멀리 떨어져 있음.

■ 그는 [   ] 에 한 번 있을까 말까 하는 기회를 만났다.

뜻 세상에 태어나서 죽을 때까지의 동안.

＊**탐구** 찾을 探 연구할 究 ＊**상용** 항상 常 쓸 用 ＊**원격** 멀 遠 사이 뜰 隔 ＊**일생** 하나 一 날 生

2 밑줄 친 어휘 중 주어진 한자가 쓰이지 <u>않은</u> 것에 ∨ 표를 해 보세요.

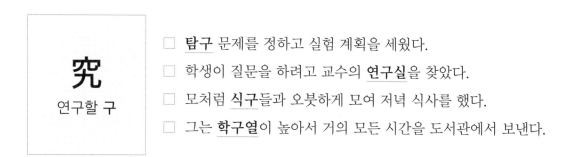

究
연구할 구

☐ **탐구** 문제를 정하고 실험 계획을 세웠다.
☐ 학생이 질문을 하려고 교수의 **연구실**을 찾았다.
☐ 모처럼 **식구**들과 오붓하게 모여 저녁 식사를 했다.
☐ 그는 **학구열**이 높아서 거의 모든 시간을 도서관에서 보낸다.

3 두 어휘의 뜻이 서로 비슷하면 =, 반대이면 ↔ 표를 해 보세요.

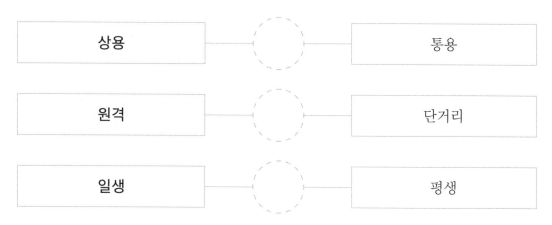

상용	◯	통용

원격	◯	단거리

일생	◯	평생

4 밑줄 친 어휘에 알맞은 뜻을 찾아 그 기호를 써 보세요.

깊숙이	㉠ 위에서 밑바닥까지, 또는 겉에서 속까지의 거리가 멀게.
	㉡ 유독 수준이 높거나 정도가 심하게.

(1) 사건에 **깊숙이** 개입하다. ( )
(2) 모자를 **깊숙이** 내려 쓰다. ( )

**짧은 글로
만나기**

과학자는 우리 주변의 자연 현상에 대해 ⟨ ㉠ ⟩ 하는 사람입니다. **탐구**를 통해 궁금한 것을 해결하거나 새로운 사실을 발견합니다. 우리도 과학자처럼 탐구 문제를 정해 스스로 탐구할 수 있습니다.

탐구 문제를 정할 때는 생각해야 할 점이 있습니다. 첫째, 탐구하고 싶은 내용이 분명히 드러나야 합니다. 탐구 내용이 분명하게 드러나지 않으면 관찰이나 실험을 계획할 수 없습니다. 둘째, 탐구 범위는 좁고 구체적이어야 합니다. 탐구 범위가 너무 넓으면 탐구를 모두 실행하기 어렵습니다. 마지막으로 탐구 문제는 스스로 해결할 수 있는 문제여야 합니다.

어휘 **5** ㉠에 들어갈 어휘로 알맞은 것에 ○ 표를 해 보세요.

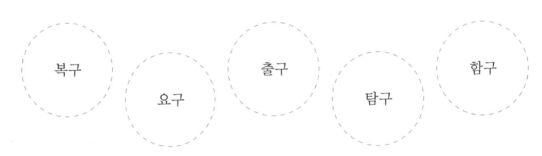

복구   요구   출구   탐구   함구

이해 **6** 이 글의 내용과 일치하는 것에 ○, 일치하지 않는 것에 × 표를 해 보세요.

■ 탐구 문제를 정할 때는 탐구 범위가 넓을수록 좋다. ( )

■ 탐구 문제를 정해 연구하는 것은 과학자만의 역할이다. ( )

■ 과학자는 우리 주변의 자연 현상을 탐구하는 사람이다. ( )

전기문이란 한 사람의 생애와 업적, 성품 등을 소개하여 읽는 이에게 감동과 교훈을 주는 글입니다. 인물의 삶 전체를 다루기 때문에 시간의 흐름이 나타나고, 실제 인물이 주인공이기 때문에 허구*가 아닌 사실을 다룹니다.

전기문에는 인물, 사건, 배경, 비평이라는 네 가지 구성 요소가 담겨 있습니다. 인물은 출생부터 사망까지 인물의 ⊙**일생**을 말합니다. 사건은 인물의 업적이 드러나는 이야기입니다. 배경은 인물이 살았던 사회적, 역사적 그리고 개인적 환경을 가리킵니다. 마지막으로 비평은 인물에 대한 글쓴이의 생각이나 평가입니다.

＊ **허구** : 사실에 없는 일을 사실처럼 꾸며 만듦.

어휘 **7** ⊙의 쓰임이 알맞지 **않은** 것에 ∨ 표를 해 보세요.

☐ 그는 **일생**적인 만남을 기다린다.

☐ 그는 **일생**을 결혼하지 않고 살았다.

☐ 이번 시합은 **일생** 잊을 수 없을 것 같다.

이해 **8** 이 글의 내용과 일치하는 것에 ∨ 표를 해 보세요.

☐ 전기문은 인물의 삶 중 한 사건만을 다룬다.

☐ 전기문은 사실과 허구가 모두 드러나는 글이다.

☐ 전기문의 구성 요소 중 비평은 인물에 대한 글쓴이의 생각이나 평가다.

독/해/원/리 **글의 교훈을 생각하며 읽기**

전기문은 한 인물의 삶을 통해 교훈과 감동을 주는 글이에요. 인물이 한 일과 인물의 가치관을 통해 얻을 수 있는 교훈을 생각해 보세요.

다음 글을 자세히 읽고, 질문에 답해 보세요. [9~12]   읽은 시간 : _____ 분

긴 글로
만나기

전기의 천재 니콜라 테슬라

전기문

　1856년 번개가 치는 날 밤, 크로아티아의 스밀란이라는 도시에서 한 아이가 태어났습니다. 이 아이는 훗날 수많은 발명품을 만들고 교류*의 시대를 연 과학자 니콜라 테슬라입니다. 어릴 때부터 생각이 남달랐던 테슬라는 어느 날 고양이를 쓰다듬다가 손에 작은 불꽃이 일어난 것을 보고 전기에 **깊숙이** 사로잡히게 됩니다.

　1882년에 테슬라는 에디슨의 전기 회사에 입사했습니다. 당시 에디슨의 회사는 전기 공급 방식으로 직류*를 사용했습니다. 하지만 테슬라는 직류보다 교류가 더 나은 방식이라고 주장했습니다. 교류는 직류에 비해 전압*을 높이기 쉬워 전기를 적은 손실로 멀리까지 보낼 수 있기 때문입니다. 그러나 에디슨은 직류를 주장했고, 둘의 갈등은 깊어졌습니다. 결국 1887년 테슬라는 에디슨의 회사를 나와 자신의 회사를 차리고 교류 전송 장치를 개발했습니다. 이후 테슬라와 에디슨은 직류와 교류를 두고 더욱 치열하게 대립했습니다. '전류 전쟁'으로 불리는 이 대결은 1893년에 교류가 미국 전기의 표준으로 채택되면서 테슬라의 승리로 끝났습니다.

　그 뒤로 테슬라는 세계 곳곳으로 무선 통신을 하는 방법을 연구했습니다. 그리고 1900년에 무선 통신을 시도하지만, 이탈리아 물리학자인 마르코니가 먼저 **상용**화하면서 테슬라는 큰 실패를 겪게 됩니다. 하지만 테슬라는 다시 일어나 발명을 이어갔습니다. 그는 라디오, 리모콘, 로봇, 무선 **원격** 조정 보트, 전기 자동차 모터 등을 개발하며 평생 25개국에서 무려 270개가 넘는 특허를 획득했습니다.

　1943년 제2차 세계 대전이 한창이던 겨울, 테슬라는 뉴욕의 한 호텔에서 홀로 세상을 떠났습니다. 테슬라는 **일생**을 전기를 **탐구**하여 수많은 발명을 한 사람입니다. 이러한 발명은 자신의 물질적인 이익이 아닌, 사람들의 편리함을 위한 것이었습니다. 발명으로 더 나은 세상을 만들고 싶었던 테슬라는 이렇게 말했습니다.

　"발명의 목적은 생명을 살리는 데 있다. 발명가는 자연의 힘을 활용하고, 현재의 기술을 발전시켜 사람들을 안전하고 편안하게 하는 사람이다."

* **교류** : 방향이 주기적으로 변하는 전기의 흐름.
* **직류** : 방향이 일정한 전기의 흐름.　* **전압** : 전기를 흐르게 하는 힘.

구조 **9** 테슬라가 한 일을 생각하며 빈칸에 알맞은 말을 찾아 써 보세요.

1882년	의 회사에 일하며 교류를 사용하자고 주장함.
1893년	가 미국 전기의 표준으로 채택되어 전류 전쟁에서 승리함.
1900년	을 시도하나, 마르코니가 먼저 상용화함.

이해 **10** 이 글의 내용과 일치하는 것을 골라 보세요. (   )

① 테슬라는 에디슨과 함께 교류 전송 장치를 개발했다.

② 테슬라와 에디슨은 전기 공급 방식에 대한 의견이 같았다.

③ 테슬라는 세계 최초로 무선 통신을 일상에서 쓰이게 했다.

④ 테슬라는 어린 시절에 고양이를 쓰다듬다가 교류의 문제점을 깨달았다.

⑤ 테슬라가 교류를 주장한 이유는 교류가 직류보다 전기를 더 먼 곳까지 쉽게 보낼 수 있기 때문이었다.

💡 글의 교훈을 생각하며 읽기

추론 **11** 이 글을 읽고 느낀 교훈으로 알맞지 <u>않은</u> 것을 골라 보세요. (   )

① 나도 과학자가 되어서 많은 사람에게 편리함을 주어야지.

② 실패해도 포기하지 않고 다시 일어서는 태도를 배워야겠어.

③ 내가 좋아하는 일을 찾아서 깊숙이 탐구하는 자세를 가져야지.

④ 다른 사람과의 경쟁에서 이기기 위해 수단과 방법을 가리지 않겠어.

⑤ 나 혼자만의 이익보다는 더 많은 사람을 생각하는 넓은 마음을 가져야지.

추론 **12** 이 글에 드러난 전기문의 특성으로 알맞지 <u>않은</u> 것에 ∨ 표를 해 보세요.

☐ 전기문은 인물의 삶을 꾸며서 쓴 글이다.

☐ 전기문에는 인물이 살았던 시대 상황이 나타난다.

☐ 전기문에는 인물이 한 일과 인물의 가치관이 나타난다.

12 폐지로 만든 단열재가 있다고?
설명문

정답과 해설 26쪽

어휘로
만나기

1 빈칸에 들어갈 알맞은 어휘를 골라 써 보세요.

(보온) (성능) (가공) (조밀하다) (일컫다)

■ 겨울에는 [   ]을 위해 얇은 옷을 여러 겹 껴입는다.

뜻 주위의 온도에 관계없이 일정한 온도를 유지함.

■ 이 옷감은 짜임새가 매우 [다].

뜻 틈이나 간격, 사이 따위가 매우 좁거나 작다.

■ 우유를 [   ]해서 치즈로 만들었다.

뜻 기술이나 힘을 이용해 원료나 재료를 새로운 제품으로 만들거나 제품의 질을 높임.

■ 타악기는 북처럼 손이나 채로 쳐서 소리를 내는 악기를 [는다].

뜻 가리켜 말하다.

■ 이 컴퓨터는 저렴한 대신 [   ]이 조금 떨어진다.

뜻 기계 따위가 지닌 성질이나 기능.

* **보온** 보전할 保 따뜻할 溫 * **성능** 성질 性 능할 能 * **가공** 더할 加 인공 工 * **조밀** 빽빽할 稠 빽빽할 密

밑줄 친 어휘 중 주어진 한자가 쓰이지 <u>않은</u> 것에 ∨ 표를 해 보세요.

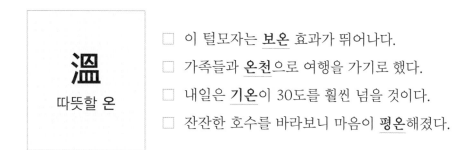

溫
따뜻할 온

☐ 이 털모자는 **보온** 효과가 뛰어나다.

☐ 가족들과 **온천**으로 여행을 가기로 했다.

☐ 내일은 **기온**이 30도를 훨씬 넘을 것이다.

☐ 잔잔한 호수를 바라보니 마음이 **평온**해졌다.

두 어휘의 뜻이 서로 비슷하면 =, 반대이면 ↔ 표를 해 보세요.

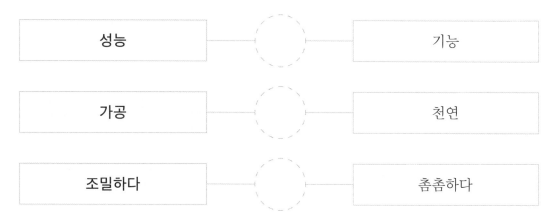

| 성능 | ◯ | 기능 |

| 가공 | ◯ | 천연 |

| 조밀하다 | ◯ | 촘촘하다 |

밑줄 친 어휘에 알맞은 뜻을 찾아 선으로 이어 보세요.

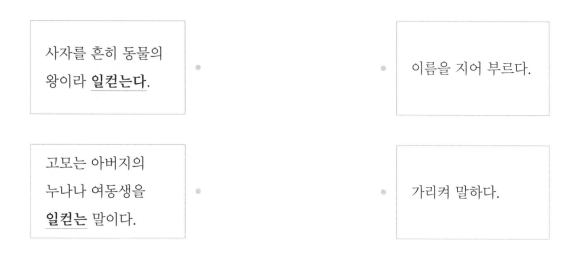

사자를 흔히 동물의 왕이라 **일컫는다**.

이름을 지어 부르다.

고모는 아버지의 누나나 여동생을 **일컫는** 말이다.

가리켜 말하다.

**짧은 글로
만나기**

　　뜨거운 라면 그릇에 담가 둔 쇠젓가락을 쥐었다가 뜨거워서 깜짝 놀란 적이 있나요? 라면에 직접 닿지 않은 쇠젓가락의 손잡이 부분이 뜨거워진 까닭은 바로 '전도' 때문입니다.

　　전도란 고체에서 열이 이동하는 현상을 **일컫는** 말입니다. 고체에서 열은 온도가 높은 곳에서 낮은 곳으로 이동합니다. 다시 말해, 라면 때문에 뜨거워진 쇠젓가락 끝부분의 열이, 온도가 낮은 쇠젓가락 손잡이 부분으로 전도된 것입니다. 얼음을 손으로 만지면 차갑게 느껴지는 까닭 역시 열이 손에서 얼음으로 전도되면서 손에 있던 열을 빼앗기기 때문입니다.

이해 **5** 빈칸에 들어갈 알맞은 말을 이 글에서 찾아 써 보세요.

전도란 고체에서 열이 온도가 〔　　　〕 곳에서 〔　　　〕 곳으로

이동하는 현상을 말한다.

추론 **6** '전도'의 예시가 <u>아닌</u> 것에 ∨ 표를 해 보세요.

　□ 청진기가 몸에 닿으면 차갑게 느껴진다.

　□ 뜨거운 물에서 설탕이 더 빠르게 녹는다.

　□ 냄비의 아래쪽을 가열하면 냄비 전체가 뜨거워진다.

단열이란 물체 사이에서 일어나는 열의 이동을 줄이는 것을 말합니다. 단열의 원리를 이용해 만든 물건으로 ㉠보온병, 피자 배달 가방, 방한복 등이 있습니다.

보온병은 이중벽으로 되어 있어서 벽 사이의 공간이 열의 이동을 최대한 막아 주기 때문에 내용물의 온도가 오랫동안 유지됩니다. 피자 배달 가방 안에는 두꺼운 단열재가 있어서 피자의 열이 바깥으로 빠져나가는 것을 막아 줍니다. 그래서 배달하는 동안 피자가 따뜻하게 유지됩니다. 방한복 속에 있는 솜털 사이에는 공기층이 만들어지는데, 이 공기층이 차가운 공기가 안으로 들어오지 못하도록 막아 줍니다. 그래서 방한복을 입으면 몸을 따뜻하게 유지할 수 있습니다.

어휘 **7** ㉠의 쓰임이 알맞지 않은 것에 ∨ 표를 해 보세요.

☐ 그 옷감은 **보온**이 잘돼서 겨울용 옷에 많이 쓰인다.

☐ 우리나라의 생물 자원을 잘 **보온**하고 관리해야 한다.

☐ 어머니는 밥이 식지 않도록 **보온** 도시락에 점심을 싸 주셨다.

이해 **8** 이 글의 내용과 일치하는 것에 ○, 일치하지 않는 것에 ✕ 표를 해 보세요.

■ 방한복 속의 공기층은 열이 빠르게 이동하도록 도와준다. ( )

■ 보온병의 이중벽 구조는 열의 이동을 막는 데 도움을 준다. ( )

■ 피자 배달 가방은 열이 잘 빠져나가지 못하도록 만들어졌다. ( )

독 / 해 / 원 / 리 **대조하며 읽기**

대조는 두 가지 이상의 대상에 대해 차이점을 중심으로 설명하는 것을 말해요. 글에서 설명하고 있는 대상들을 대조하며 읽으면, 각각의 특징을 쉽고 정확하게 파악할 수 있답니다.

다음 글을 자세히 읽고, 질문에 답해 보세요. [9~12] 읽은 시간 : _____ 분

긴 글로 만나기

폐지로 만든 단열재가 있다고?

설명문

단열이란 두 물질 사이에서 일어나는 열의 이동을 줄이는 것을 말합니다. 단열의 원리를 이용해 **보온**을 하거나 열을 차단하는 목적으로 쓰는 재료를 단열재라고 하는데, 주로 건물을 지을 때 단열재가 사용됩니다. 단열재를 사용하면 여름날 더운 바깥 공기가 실내로 들어오는 것을 막을 수 있고, 반대로 추운 겨울날에는 건물 안의 열이 바깥으로 빠져나가는 것을 막을 수 있습니다. 이렇게 하면 냉난방에 필요한 에너지가 절약되기 때문에 단열재는 건축에서 필수적인 요소로 자리잡고 있습니다.

우리나라에서 건축용으로 많이 사용되는 단열재는 흔히 스티로폼이라 불리는 발포 폴리스타이렌이 대표적입니다. 이외에도 발포 폴리우레탄, 폴리에틸렌 등이 있습니다. 화학 원료로 만들어진 이 단열재들은 저렴한 가격에 비해 단열 효과가 높은 대신, 제작 과정에서 환경 오염을 일으키는 해로운 물질이 사용됩니다. 또 버려져서 분해되기까지 오랜 시간이 걸리고 이 과정에서도 환경 오염을 일으키는 물질이 발생합니다. 이러한 문제로 인해 최근에는 **성능**이 우수할 뿐만 아니라 환경까지 생각하는 친환경 단열재에 대한 관심이 높아지고 있습니다. 그중 하나로 셀룰로스 단열재가 있습니다.

셀룰로스란 나무나 식물에서 채취할 수 있는 섬유소*를 **일컫는** 말입니다. 셀룰로스를 활용해 만드는 셀룰로스 단열재는 나무를 바로 **가공**해서 만들어지는 것이 아니라 버려지는 종이, 즉 폐지를 재활용해 만들어집니다. 또 환경에 해가 없는 수증기를 이용해서 제작되기 때문에 지구 온난화의 주요 원인인 이산화 탄소를 적게 배출한다는 장점이 있습니다. 게다가 목재 사이에 공간을 채워 주는 방식으로 매우 **조밀하게** 제작되어 단열 성능이 좋습니다. 국내 폐지 발생량이 계속해서 증가하는 가운데 셀룰로스 단열재는 폐지의 재활용률을 높이고, 이산화 탄소의 배출량도 줄일 수 있어서 뛰어난 친환경 단열재로 주목받고 있습니다.

* **섬유소** : 식물에서 얻는 섬유의 주된 성분인 흰 탄수화물.

구조 **9** 이 글의 중심 내용을 정리하며 빈칸에 알맞은 말을 찾아 써 보세요.

구분	화학 원료로 만들어진 단열재	친환경 단열재
종류	스티로폼, 발포 폴리우레탄, 폴리에틸렌	□□□ 단열재
특징	제작과 분해 과정에서 □□□□ 을 일으키는 해로운 물질이 발생함.	□□를 재활용하고 이산화 탄소의 배출량이 적음.

이해 **10** 이 글의 내용과 일치하지 <u>않는</u> 것을 골라 보세요.　　　　　　(　　　)

① 단열이란 열의 이동을 줄이는 것을 뜻한다.
② 스티로폼은 저렴한 가격에 비해 단열 효과가 높다.
③ 셀룰로스는 버려져서 분해되기까지 오랜 시간이 걸린다.
④ 셀룰로스 단열재는 폐지의 재활용률을 높이는 데 도움을 준다.
⑤ 발포 폴리우레탄이 분해될 때는 환경 오염을 일으키는 물질이 발생한다.

추론 **11** 이 글을 읽고 답을 찾을 수 <u>없는</u> 질문에 ∨ 표를 해 보세요.

☐ 단열 성능이 가장 뛰어난 단열재는 무엇인가요?

☐ 단열재가 에너지를 절약하는 데 도움이 되는 까닭은 무엇인가요?

☐ 우리나라에서 건축용으로 많이 사용되는 단열재에는 어떤 것이 있나요?

서술형
이해 **12** 셀룰로스 단열재가 친환경 단열재인 까닭 두 가지를 이 글에서 찾아 써 보세요.

셀룰로스 단열재는 _____

_____ 때문입니다.

13 왜 화성으로 가려고 할까?

설명문

정답과 해설 28쪽

**어휘로
만나기**

1 빈칸에 들어갈 알맞은 어휘를 골라 써 보세요.

(**관측**) (**행성**) (**환경**) (**대기**) (**손꼽다**)

■ 나는 천체 망원경으로 밤하늘의 별을 자세히 [ ] 했다.

뜻 자연 현상을 자세히 살펴 보고 측정하는 일.

■ 지구는 태양의 주변을 도는 태양계 [ ] 중 하나다.

뜻 중심 별 주변의 정해진 길을 도는 천체.

■ 금성은 밤하늘에서 가장 밝게 빛나기로 [는] 행성이다.

뜻 여럿 중에서 뛰어나다고 여기다.

■ 오늘은 [ ] 중에 미세 먼지가 많아서 별이 잘 보이지 않는다.

뜻 별의 표면을 둘러싸고 있는 기체로, 공기를 달리 이르는 말.

■ 잡초는 생명력이 강해서 거친 [ ] 에서도 잘 자란다.

뜻 생물에게 영향을 주는 자연조건이나 사회적 상황.

＊ **관측** 볼 觀 잴 測 ＊ **행성** 다닐 行 별 星 ＊ **환경** 두를 環 상태 境 ＊ **대기** 클 大 공기 氣

주어진 한자가 쓰인 어휘를 <보기>에서 찾아 빈칸에 써 보세요.

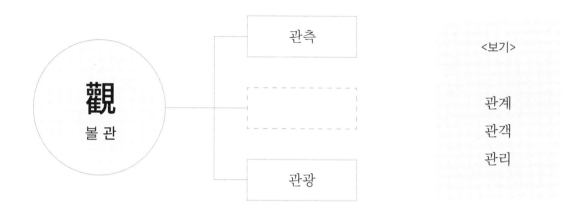

주어진 어휘를 보고, 알맞은 어휘를 <보기>에서 찾아 빈칸에 써 보세요.

<보기>　　　　행성　　　　대기　　　　환경

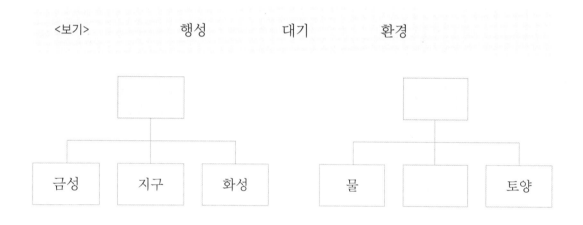

밑줄 친 어휘에 알맞은 뜻을 찾아 그 기호를 써 보세요.

손꼽다	⊙ 손가락을 하나씩 고부리며 수를 헤아리다.
	ⓛ 다섯 손가락 안에 들 만큼 그 수가 적거나 뛰어나다.
	ⓒ 여럿 중에서 뛰어나다고 여기다.

(1) 나는 내 생일이 며칠 남았는지 **손꼽으며** 세어 보았다. 　　　　(　　　)

(2) 이 수술이 성공한 사례는 세계에서 **손꼽을** 정도로 드물다. 　　　　(　　　)

(3) 윤재는 지금까지 본 영화 중에 「주토피아」를 최고로 **손꼽았다**. 　　　　(　　　)

**짧은 글로
만나기**

　지구는 태양을 중심으로 구성된 태양계 **행성** 중 하나입니다. 태양과 같이 스스로 빛을 내는 천체*를 항성이라고 하고, 항성 주위를 도는 천체를 행성이라고 합니다. 태양계에는 모두 여덟 개의 행성이 있습니다.

　태양계 행성은 지구형 행성과 목성형 행성으로 나뉩니다. 지구형 행성은 지구처럼 표면이 단단한 암석으로 이루어진 행성으로, 수성, 금성, 지구, 화성이 있습니다. 한편 목성, 토성, 천왕성, 해왕성은 가스로만 이루어져 있는 목성형 행성입니다. 이들은 지구형 행성에 비해 크기가 크고 태양과 거리가 멉니다. 또 이 행성들을 ㉠**관측**하면 바깥쪽을 둘러싸고 있는 고리를 볼 수 있습니다.

* **천체** : 우주에 있는 모든 물체.

어휘 **5** ㉠과 비슷한 의미를 가진 어휘가 들어간 문장에 ∨ 표를 해 보세요.

☐ 오랜 연구 끝에 영양분이 우수한 쌀 품종을 **개발**했다.

☐ 미생물이 어떻게 생겼는지 현미경으로 자세히 **관찰**했다.

☐ 집에 가는 데 시간이 얼마나 걸릴지 머릿속으로 **계산**해 보았다.

이해 **6** 이 글의 내용과 일치하는 것에 ∨ 표를 해 보세요.

☐ 태양계 행성은 모두 여섯 개다.

☐ 행성은 지구와 같이 스스로 빛을 내는 천체를 말한다.

☐ 토성은 가스로만 이루어져 있고 바깥쪽에 고리가 있다.

화성은 지구와 닮은 점이 많은 행성입니다. 화성의 하루는 약 24시간 37분으로 지구와 비슷합니다. 화성에도 사계절이 모두 나타나고, 화성의 양 끝인 남극과 북극은 지구처럼 얼음으로 덮여 있습니다. 화성은 지구 외에 물이 흘렀던 흔적이 발견된 유일한 행성이기도 합니다.

반면 화성은 지구와 다른 점도 많습니다. 화성에도 　　㉠　　가 있지만, 그중 산소는 0.1퍼센트밖에 되지 않아서 사람이 호흡하기 어렵습니다. 또 화성은 평균 기온이 영하 63도 정도로 지구보다 훨씬 춥습니다. 그리고 지구와 달리 자기장*이 약해 우주에서 날아오는 해로운 물질을 막지 못합니다.

　　*　**자기장** : 자석처럼 끌어들이는 작용이 미치는 공간.

어휘 7 ㉠에 들어갈 어휘로 알맞은 것에 ○ 표를 해 보세요.

거리　　대기　　대지　　먼지　　산소

이해 8 이 글의 내용과 일치하는 것에 ∨ 표를 해 보세요.

☐ 화성의 표면은 모두 얼음으로 덮여 있다.

☐ 화성은 지구보다 강한 자기장을 갖고 있다.

☐ 화성에서는 물이 흘렀던 흔적이 발견되었다.

독/해/원/리 **질문을 만들며 읽기**

글을 읽으면서 글쓴이가 말하려는 내용이 무엇인지, 어떻게 전개될지, 근거가 잘못된 부분은 없는지 등 질문을 만들어 보면 내용을 더 정확하고 폭넓게 이해할 수 있어요.

다음 글을 자세히 읽고, 질문에 답해 보세요. [9~12]　　　　　🕐 읽은 시간 : ＿＿＿＿＿ 분

**긴 글로
만나기**

왜 화성으로 가려고 할까?

설명문

오늘날 지구에는 약 79억 명의 사람들이 살고 있습니다. 인구가 늘어나면서 자원은 빠르게 줄어들고 환경 오염이 심각해져 여러 기상 이변*이나 새로운 질병들이 생겨났습니다.

이런 문제를 해결하기 위해 과학자들은 오래전부터 지구 밖 **행성**을 인간이 이주할 수 있는 곳으로 '테라포밍'하는 연구를 하기 시작했습니다. 테라포밍은 '지구'를 뜻하는 '테라'와 '만들다'를 뜻하는 '포밍'이 더해진 말로, 지구와 비슷한 **환경**으로 만드는 것을 말합니다. 즉 다른 천체의 환경을 인간이 살 수 있도록 바꾸는 것입니다. 과학자들은 가장 가능성이 높은 곳으로 화성을 **손꼽습니다**.

지구와의 거리만 본다면 화성보다는 달이 훨씬 가까워 테라포밍하기 더 쉬워 보입니다. 게다가 달은 인간이 직접 가 본 적이 있는 천체이기도 합니다. 그런데 왜 달이 아닌 화성이 더 적합하다고 여겨질까요? 달은 **대기**가 거의 없고 운석과 부딪힐 위험도 많아서 인간이 살 수 있는 곳으로 만들기가 더 어렵기 때문입니다. 수성과 금성 역시 화성보다 지구와 가깝지만, 이들은 표면 온도가 400도가 넘을 정도로 뜨거워서 테라포밍하기에 적당하지 않습니다.

인간이 살기 위해서는 물과 산소, 에너지와 같은 환경이 갖춰져야 합니다. 화성은 지구와 비교적 가까운 편이고 온화한 환경을 갖고 있어서 테라포밍 연구가 가장 활발히 이뤄지고 있습니다. 다른 행성과 달리 화성에서는 과거에 물이 흘렀던 흔적이 **관측**되었고, 양극*과 지표면 아래에 거대한 얼음덩어리가 있어서 이 얼음을 녹이면 다시 물이 흐르도록 만들 수 있습니다.

하지만 화성의 평균 기온은 영하 63도로 매우 낮아 지금으로서는 얼음이 녹지 못합니다. 또 대기의 21퍼센트가 산소로 구성된 지구와 달리 화성의 대기 중 산소는 0.1퍼센트밖에 되지 않아 인간이 호흡하기 어렵습니다. 때문에 화성에 산소를 만들고 대기 온도를 높이는 방법 등 과학자들은 화성 테라포밍을 위한 다양한 연구를 하고 있습니다.

* 기상 이변 : 지난 30년간의 기상과 아주 다른 기상 현상.　　* 양극 : 남극과 북극.

주제 9 이 글의 부제목으로 가장 알맞은 것에 ∨ 표를 해 보세요.

☐ 인구 변화와 환경 오염 ☐ 태양계 행성의 종류와 특징

☐ 화성 테라포밍을 연구하는 까닭 ☐ 화성의 얼음을 녹이는 방법

💡 질문을 만들며 읽기

추론 10 이 글을 읽고 답을 찾을 수 있는 질문을 골라 보세요. (   )

① 우리나라 인구수는 몇 명일까?

② 달을 테라포밍하기 어려운 까닭은 무엇일까?

③ 금성의 표면 온도를 낮추는 방법에 무엇이 있을까?

④ 지구에서 화성으로 이동하는 데 시간이 얼마나 걸릴까?

⑤ 화성에서만 물이 흘렀던 흔적이 발견된 까닭은 무엇일까?

이해 11 이 글의 내용을 친구에게 전하려고 할 때, 알맞지 <u>않은</u> 것을 골라 보세요. (   )

> 화성이 테라포밍하기 가장 좋은 행성인 까닭은 다른 행성에 비해 지구와 가까운 편이면서 온화한 환경을 가지고 있기 때문이야. ①화성에는 거대한 얼음덩어리가 발견되어 물이 생길 가능성이 있고, ②대기 속에 산소의 양도 21퍼센트나 되기 때문에 인간이 호흡하기에도 충분한 환경이거든. ③거리만 보면 화성보다는 달이나 금성이 지구와 더 가깝지만 ④달은 대기가 거의 없는 데다 운석과 부딪힐 위험도 많고, ⑤금성은 표면이 너무 뜨거워서 테라포밍하기는 어렵대.

✏️ 서술형

이해 12 이 글을 바탕으로 '화성 테라포밍'의 뜻을 이 글에서 찾아 써 보세요.

'화성 테라포밍'이란 화성을 ＿＿＿＿＿＿＿＿＿＿＿＿＿＿＿＿＿ 을

말합니다. 즉 화성을 인간이 살 수 있는 행성으로 만드는 것입니다.

14 냠냠! 맛있는 과학 −김장 편

대화문

정답과 해설 30쪽

어휘로 만나기

1 빈칸에 들어갈 알맞은 어휘를 골라 써 보세요.

세균   버무리다   번식하다   활발하다   돋우다

■ 김치에 들어가는 여러 가지 양념 재료를 ⬚ 렸다 .

(뜻) 여러 가지를 한데에 뒤섞다.

■ 유산균은 우리 몸에 이로운 ⬚ 이다.

(뜻) 생물체 가운데 가장 작고 가장 하등에 속하는 단세포 생물.

■ 새콤한 달래무침이 내 입맛을 ⬚ 었다 .

(뜻) 입맛을 당기게 하다.

■ 어머니께서는 동물 보호 운동가로 ⬚ 게 활동하고 계신다.

(뜻) 생기 있고 힘차며 시원스럽다.

■ 장마철에는 습도가 높아져서 세균이 ⬚ 기 쉽다.

(뜻) 붙고 늘어서 많이 퍼지다.

---

* **세균** 작을 細 균 菌　 * **번식** 많을 繁 번성할 殖　 * **활발** 살 活 활발할 潑

2 주어진 한자가 쓰인 어휘를 <보기>에서 찾아 빈칸에 써 보세요.

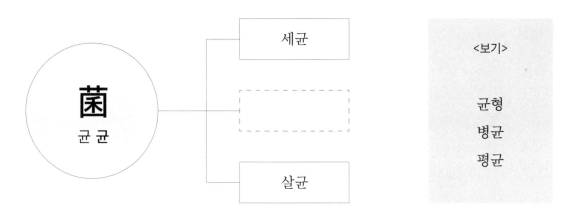

3 주어진 어휘와 뜻이 비슷한 어휘를 <보기>에서 찾아 빈칸에 써 보세요.

4 밑줄 친 어휘에 알맞은 뜻을 찾아 선으로 이어 보세요.

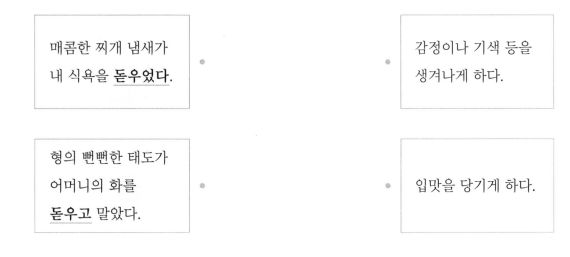

**짧은 글로
만나기**

　세균이라고 하면 여러 가지 질병을 일으키는 해로운 병균만을 떠올리기 쉽습니다. 하지만 우리에게 이로운 영향을 주는 유익한 세균도 있습니다. 그 중 하나는 바로 '유산균'입니다.

　유산균은 김치를 발효*시키는 세균으로 잘 알려져 있으며, 젖산균이라고도 불립니다. 유산균의 장점은 우리 몸에 해로운 세균이 **번식하는** 것을 막아 준다는 것입니다. 또 소화된 음식물을 잘 배설할 수 있도록 도와줍니다. 유산균을 꾸준히 섭취하면 면역력*이 증가하여 각종 질병을 예방할 수 있는 효과가 있습니다.

* **발효** : 미생물이 유기물을 분해시키는 작용.
* **면역력** : 병균을 이겨 내는 힘.

이해 **5** 빈칸에 들어갈 알맞은 말을 이 글에서 찾아 써 보세요.

　　　□□□□　은 우리 몸에 해로운 세균이 □□□ 하는 것을

막아 주고, 소화된 음식물을 잘 □□ 할 수 있도록 도와준다.

이해 **6** 이 글의 내용과 일치하지 <u>않는</u> 것에 ∨ 표를 해 보세요.

□ 세균은 해로운 병균을 뜻한다.

□ 김치는 유산균에 의해 발효된다.

□ 유산균을 꾸준히 먹으면 면역력이 증가한다.

우리는 정보의 바다에서 살아가고 있습니다. 컴퓨터, 스마트폰, 텔레비전, 신문 등 다양한 매체*를 통해 매일 같이 정보가 [㉠] 하게 공유됩니다. 하지만 그만큼 불확실하고 잘못된 정보 또한 넘쳐납니다. 따라서 다양한 정보를 제대로 이해하고 비판적으로 분별하는 능력이 더욱더 중요해졌습니다. 이러한 능력을 '미디어 리터러시'라고 합니다.

미디어 리터러시를 기르려면 정보의 출처를 확인하고 믿을 만한 정보인지 가려내는 태도가 필요합니다. 또 정보에 부적절한 의도나 감춰진 내용이 없는지 살펴봐야 합니다. 그리고 정보의 내용이 거짓인지 아닌지 조사하여 정확한 정보임을 확인한 후에 활용해야 합니다.

* **매체** : 인쇄, 영상, 인터넷 등 내용을 전달하는 수단.

어휘 **7** ㉠에 들어갈 어휘로 알맞은 것에 ○ 표를 해 보세요.

신중   활약   간절   활발   긴박

추론 **8** '미디어 리터러시'가 부족한 행동에 ∨ 표를 해 보세요.

☐ 뉴스 기사에 소개된 반려동물 전문가가 누구인지 검색해서 확인했다.

☐ 어느 인터넷 블로그에 올려진 내용을 학교 과제에 옮겨 적어서 제출했다.

☐ 역사 프로그램에서 알려 준 내용이 정확한 사실인지 관련 책을 찾아 확인했다.

독/해/원/리 **내용을 비판하며 읽기**

매체 자료를 접할 때는 제공되는 정보에 과장되거나 감춰진 내용이 있는지, 사실이 아닌 내용이 포함되어 있는지 비판적으로 생각해 봐야 해요.

다음 글을 자세히 읽고, 질문에 답해 보세요. [9~12]　　　🕐 읽은 시간 : ＿＿＿＿＿＿ 분

긴 글로 만나기

냠냠! 맛있는 과학 –김장 편

대화문

진행자 : 안녕하세요? 「냠냠! 맛있는 과학」입니다. 지난 방송에는 배추를 소금에 절이면서 숨은 과학 지식을 알아보았는데요. 오늘은 드디어 김치 양념을 배추에 **버무리는** 시간을 가져 볼 겁니다. 오늘도 10년 연속 김치 판매 1위의 주인공, 홍 선생님께서 함께해 주셨습니다!

홍 선생님 : 반갑습니다. 자, 그럼 김치에 들어가는 양념을 만들어 보죠. 그 전에, 배추를 소금에 절이면 해로운 **세균**은 죽고 염도*에 강한 유산균만 살아남는다고 했던 것 기억하시나요? 김장을 할 때는 이렇게 몸에 좋은 유산균을 최대한 지켜 주는 것이 중요해요. 유산균은 소화를 돕고 변비를 예방하는 등 아주 이로운 역할을 하는 균이니까요. 지금 만드는 찹쌀 풀 역시 유산균이 잘 **번식할** 수 있도록 먹잇감이 되어 주는 재료랍니다.

진행자 : 김치 양념을 만들 때 찹쌀 풀을 쑤는* 까닭이 그 때문이었군요. 으음, 찹쌀 풀의 고소한 냄새가 입맛을 확 **돋우네요**. 찹쌀 풀 말고도 김치의 유산균을 잘 번식시키기 위한 방법이 있을까요, 선생님?

홍 선생님 : 김치를 꾹꾹 눌러 담아서 보관하는 것도 하나의 방법이에요. 유산균은 산소를 싫어하는 세균이기 때문에 최대한 공기를 빼 줘야 유산균의 활동이 **활발하게** 이루어지거든요.

진행자 : 그렇군요. 저희 어머니께서는 김치를 통에 보관할 때 마지막에 꼭 배춧잎을 덮어 두시던데, 이것도 같은 이유일까요?

홍 선생님 : 맞아요. 배춧잎이 바깥 공기와의 접촉을 최대한 막아 주는 역할을 하죠. 아니면 이번에 저희 회사에서 만든 김치 통을 추천할게요. 공기를 완벽히 차단해 주면서 세계 최고의 품질을 자랑한답니다.

진행자 : 홍 선생님께서 추천해 주시는 거라 더욱 믿음이 가네요. 그럼 다음으로 준비한 재료들을 살펴볼까요?

---

* 염도 : 소금기의 정도.　 * 쑤다 : 곡식의 알갱이나 가루를 물에 끓여 익혀서 죽이나 메주 따위를 만들다.

주제 **9** 이 글의 중심 글감으로 가장 알맞은 것에 ∨ 표를 해 보세요.

☐ 김장 재료 ☐ 김치 보관 용기

☐ 김치의 유산균 ☐ 배추를 절이는 방법

이해 **10** 이 글의 내용과 일치하지 <u>않는</u> 것을 골라 보세요. ( )

① 유산균은 변비를 예방해 준다.
② 찹쌀 풀은 유산균의 먹이가 된다.
③ 유산균은 음식물의 소화를 돕는다.
④ 유산균은 산소를 싫어하는 세균이다.
⑤ 배추의 염도가 높아지면 해로운 세균만 살아남는다.

💡 내용을 비판하며 읽기

추론 **11** 이 글의 내용을 비판하며 읽은 친구의 이름을 써 보세요. ( )

■ 윤희 : 10년 연속 김치 판매 1위면 맛은 보장하겠네. 부모님께 사 먹자고 졸라야지.

■ 도원 : 홍 선생님이 추천한 김치 통이 세계 최고 품질이라고 하니 나도 하나 사야겠어.

■ 소담 : 방송에 나온 유산균을 번식시키는 방법이 믿을 만한 정보인지 백과사전에서 확인해 봐야겠다.

✏️ 서술형

이해 **12** 김치를 꾹꾹 눌러 담아서 보관하는 까닭을 이 글에서 찾아 써 보세요.

15 수학으로 만드는 암호
설명문

정답과 해설 32쪽

어휘로 만나기

1 빈칸에 들어갈 알맞은 어휘를 골라 써 보세요.

9 D H 3 V 4 2 0
O D 6
7 5 U H X V
1 8 O

(대응) (해석) (용도) (배열) (맞히다)

■ 책을 쉽게 찾을 수 있도록 책장에 가나다순으로 [　　　　　]했다.

　　뜻 일정한 차례나 간격에 따라 벌여 놓음.

■ 자전거의 수와 바퀴의 수는 서로 일정하게 늘어나는 [　　　　　] 관계다.

　　뜻 주어진 어떤 관계에 의해 서로 짝이 되는 일.

■ 퀴즈의 정답을 가장 많이 [　　　 는] 사람에게 상품을 증정한다.

　　뜻 문제에 대한 답을 틀리지 않게 하다.

■ 드론은 촬영이나 실종자 수색 등 여러 가지 [　　　　　]로 쓰인다.

　　뜻 쓰이는 곳.

■ 이 문장은 모르는 단어가 많아서 뜻을 [　　　　　]하기 어렵다.

　　뜻 내용을 이해하고 설명함.

---

*대응 대할 對 응할 應 *해석 풀 解 풀 釋 *용도 쓸 用 길 途 *배열 짝 配 벌일 列

어휘의 뜻풀이를 보고, 주어진 한자가 쓰이지 <u>않은</u> 것에 ∨ 표를 해 보세요.

對
대할 대

□ **대응** : 두 대상이 어떤 관계에 의해 서로 짝이 되는 일.
□ **대결** : 두 대상이 서로 맞서서 우열이나 승패를 가림.
□ **대조** : 대상을 서로 맞대어 같고 다름을 검토함.
□ **확대** : 넓혀서 크게 함.

유의어 **3** 주어진 어휘와 뜻이 비슷한 어휘를 <보기>에서 찾아 빈칸에 써 보세요.

| 해석 | = | |

| 용도 | = | |

| 배열 | = | |

<보기>

쓰임새

이해

정렬

다의어
동형어 **4** 밑줄 친 어휘에 알맞은 뜻을 찾아 그 기호를 써 보세요.

맞히다	㉠ 문제에 대한 답을 틀리지 않게 하다.
	㉡ 침, 주사 따위로 치료를 받게 하다.
	㉢ 물체를 쏘거나 던져서 어떤 물체에 닿게 하다.

(1) 우리나라 선수가 쏜 화살이 과녁의 정중앙을 정확히 **맞혔다**. ( )

(2) 열심히 공부한 보람이 있었는지 열 문제 중에 아홉 문제나 **맞혔다**. ( )

(3) 의사 선생님은 잔뜩 겁먹은 동생에게 주사를 **맞히느라** 애를 먹었다. ( )

**짧은 글로
만나기**

　　수학에서 **대응** 관계는 두 양이 짝을 이루어 서로 일정하게 변하는 관계를 말합니다. 예를 들어 피자의 판 수와 조각 수는 대응 관계에 있습니다. 만약 피자 한 판이 6조각이라면, 두 판은 12조각이고 세 판은 18조각입니다. 이 경우 조각 수가 판 수의 6배인 대응 관계라고 할 수 있습니다.

　　생활 속에서 대응 관계를 알고 수식*으로 나타내면 양을 쉽게 계산할 수 있습니다. 가령 서울과 런던의 시각은 8시간씩 일정하게 차이가 납니다. 이를 '서울 시각-8시간=런던 시각'이란 수식으로 나타내면 런던의 현재 시각을 금방 알아낼 수 있습니다. 앞서 말한 피자의 조각 수도 '판 수×6=조각 수'라는 수식을 세워 구할 수 있습니다.

* **수식** : 숫자를 계산 기호로 연결한 식.

이해 **5**　빈칸에 들어갈 알맞은 말을 이 글에서 찾아 써 보세요.

수학에서 [　　　] 관계란 두 양이 서로 [　　] 을 이루어 일정하게 변하는

관계를 말하며, [　　] 을 세워서 양을 쉽게 계산할 수 있다.

추론 **6**　'대응 관계'에 해당하지 <u>않는</u> 것에 ∨ 표를 해 보세요.

□ 네발자전거의 수와 바퀴의 수

□ 서울의 인구수와 뉴욕의 인구수

□ 서진이의 나이와 세 살 어린 동생의 나이

'당식생학에서 9시 75분에 만나'

만약 친구에게 이런 쪽지를 받았다면 언제 어디로 가야 할지 당혹스러울 것입니다. 하지만 만날 장소의 글자를 거꾸로 읽고, 만날 시간에는 숫자마다 5를 빼서 암호를 풀기로 약속해 두었다면 '학생식당에서 4시 20분에 만나' 라고 ㉠**해석**할 수 있습니다. 이렇게 주고받는 당사자끼리만 뜻을 알 수 있도록 꾸민 기호를 암호라고 합니다.

암호는 정해 둔 약속에 맞게 글자를 대응시켜서 만듭니다. '당식생학'과 같이 글자의 **배열**을 바꾸기도 하고, '9시 75분'과 같이 수를 셈해서 만들기도 합니다. 수식이 복잡할수록 해석하기 어려운 암호가 됩니다. 이처럼 암호는 수학과 밀접한 관계가 있습니다.

어휘 7 ㉠의 쓰임이 알맞지 <u>않은</u> 것에 ∨ 표를 해 보세요.

☐ 이 문장은 '시작이 반이다'라는 뜻으로 **해석**된다.

☐ 서로 한 걸음씩 양보한 덕분에 둘 사이의 문제는 잘 **해석**되었다.

☐ 서율이는 영국에 있는 친구에게 받은 영어 편지를 **해석**하며 미소 지었다.

이해 8 이 글의 내용과 일치하지 <u>않는</u> 것에 ∨ 표를 해 보세요.

☐ 암호는 당사자끼리만 뜻을 알 수 있도록 꾸민 기호다.

☐ 암호를 만드는 방법에는 수를 셈해서 만드는 방법도 있다.

☐ 암호를 만드는 수식이 복잡할수록 해석하는 방법은 간단해진다.

다음 글을 자세히 읽고, 질문에 답해 보세요. [9~12]   읽은 시간 : _____ 분

긴 글로 만나기

수학으로 만드는 암호

설명문

지금으로부터 약 2,100년 전, 로마의 장군이면서 정치가였던 카이사르는 어느 날 다음과 같은 문장이 쓰인 편지를 받았습니다.

'EH FDUHIXO IRU DVVDVVLQ'

이것은 카이사르가 평소 비밀스러운 내용을 전달할 때 쓰던 '카이사르 암호'를 이용한 편지였습니다. 카이사르 암호는 알파벳을 일정한 수만큼 뒤에 있는 알파벳으로 **대응**시켜 만든 암호입니다. 카이사르는 주로 3만큼 뒤로 옮겨 암호를 만들었는데, 이때 숫자 3은 '암호키'라고 합니다. 암호키란 암호를 만들거나 풀기 위해 미리 정해 둔 숫자를 말합니다.

예를 들어 카이사르 암호를 이용해 ㉠'KEY'를 암호로 만드는 방법은 다음과 같습니다. 먼저 알파벳을 순서대로 **배열**한 뒤, 0부터 25까지의 수에 대응시킵니다.

A	B	C	D	E	F	G	H	I	J	K	L	M	N	O	P	Q	R	S	T	U	V	W	X	Y	Z
0	1	2	3	4	5	6	7	8	9	10	11	12	13	14	15	16	17	18	19	20	21	22	23	24	25

K, E, Y는 차례로 10, 4, 24에 대응됩니다. 암호키가 3이라면, 여기에 각각 3을 더해 13, 7, 27로 만듭니다. 이들을 다시 알파벳으로 바꾸면 됩니다. 즉 앞의 두 수는 13과 7에 해당하는 알파벳인 N과 H로 바꿉니다. 하지만 27에 해당하는 알파벳은 없습니다. 이 경우에는 그 수에서 알파벳의 총 개수인 26을 뺀 다음, 해당하는 알파벳을 찾으면 됩니다. 27에서 26을 빼면 1이고, 1에 대응하는 알파벳은 B이므로 'KEY'의 암호는 'NHB'가 됩니다.

이 방법으로 위의 카이사르가 받은 편지를 **해석**하면, 'Be careful for assassin (암살자를 조심해라)'이라는 문장이 됩니다. 카이사르는 이 뜻을 **맞혔지만**, 암살자가 누구인지는 찾지 못해 결국 암살당하고 말았습니다.

카이사르 암호를 비롯한 초기의 암호는 간단한 계산을 통해 만들어져 주로 전쟁에서 작전을 전달하기 위한 **용도**로 쓰였습니다. 오늘날에는 컴퓨터를 이용해서 훨씬 복잡한 암호가 만들어지고 있으며, 각종 정보를 보호하기 위한 수단으로 일상에 자리 잡고 있습니다.

주제 **9** 이 글의 중심 글감으로 가장 알맞은 것에 ∨ 표를 해 보세요.

☐ 카이사르 암호 　　　☐ 암호키 　　　☐ 알파벳 　　　☐ 암호의 용도

[10~11] <보기>는 ⊙의 과정을 순서대로 정리한 것입니다. <보기>를 읽고 질문에 답해 보세요.

<보기>

(가) 'KEY'의 알파벳을 각각 0부터 25까지의 수에 대응시킨다.

(나) 각각의 수에 암호키인 3을 더한다.

(다) 수를 다시 알파벳에 대응시킨다.

이해 **10** <보기>의 과정 중 다음 내용이 들어갈 위치로 알맞은 곳에 ∨ 표를 해 보세요.

25를 넘는 수가 있다면 그 수에서 26을 뺀다.

☐ (가)와 (나) 사이 　　　☐ (나)와 (다) 사이 　　　☐ (다)의 뒤

이해 **11** <보기>의 과정을 그림으로 나타낸 것으로 알맞지 <u>않은</u> 것을 골라 보세요.　(　　　　)

K　　　　　　　　　10　　　　　　　① 13　　　　　　② N

E　　(가)　　　③ 4　　(나)　　　④ 9　　(다)　　　H

Y　　→　　　⑤ 24　　→　　27-26　　→　　　B

✏️ **서술형**

💡 내용을 추론하며 읽기

추론 **12** 주어진 문장을 암호키 '3'을 사용하여 카이사르 암호로 만들어 보세요.

VERY GOOD

정답과 해설 34쪽

[1~6] 　다음 뜻풀이에 알맞은 어휘를 오른쪽 글 상자에서 찾아 동그라미 해 보세요.

세	균	교	류	대	줌
상	배	발	효	응	환
용	열	보	온	습	경
관	계	셀	단	열	유
암	가	공	행	족	염
호	용	항	성	전	도

1. 일상적으로 씀.

2. 중심 별 주변의 정해진 길을 도는 천체.

3. 주어진 어떤 관계에 의해 서로 짝이 되는 일.

4. 주위의 온도에 관계없이 일정한 온도를 유지함.

5. 생물에게 영향을 주는 자연조건이나 사회적 상황.

6. 기술이나 힘을 이용해 재료를 새로운 제품으로 만들거나 제품의 질을 높임.

[7~10] 　밑줄 친 어휘와 뜻이 비슷한 어휘를 <보기>에서 골라 괄호 안에 써 보세요.

<보기>	탐구	대기	관측	배열

7. 옷이 무지개 색 순서대로 보기 좋게 **진열**되어 있다. 　(　　　)

8. 산 정상에 올라 크게 심호흡하며 신선한 **공기**를 들이마셨다. 　(　　　)

9. 그녀는 끊임없는 도전 정신으로 항상 새로운 지식을 **연구**했다. 　(　　　)

10. 짙은 안개 때문에 은하수의 모습을 제대로 **관찰**할 수 없었다. 　(　　　)

[11~13] 　빈칸 안에 들어갈 알맞은 어휘에 ○ 표를 해 보세요.

11. 향긋한 봄나물의 향이 내 입맛을 　돋구었다　돋우었다　.

12. 과학자는 자연 현상을 전문으로 연구하는 사람을 　일구는　일컫는　말이다.

13. 책 내용이 흥미진진해서 시간 가는 줄도 모르고 　멀찍이　깊숙이　빠져들었다.

14. <보기>의 괄호 안에 들어갈 어휘가 <u>아닌</u> 것을 골라 보세요.　　　　　　　（　　　　　）

<보기>
- 나는 문제를 듣자마자 정답을 바로 (　　　　　).
- 나물에 참기름과 고추장을 넣고 조물조물 (　　　　　).
- 산불로 피해를 입은 이웃을 돕기 위한 기부 활동이 (　　　　　).
- 우리 반에서 가장 노래를 잘하는 아이로 모두가 준수를 (　　　　　).

① 맞혔다　　② 버무렸다　　③ 번식했다　　④ 손꼽았다　　⑤ 활발했다

[15~18] 괄호 안에 들어갈 알맞은 어휘를 <보기>에서 골라 써 보세요.

<보기>　　　　　성능　　　세균　　　용도　　　원격

　　이번에 출시할 이 식기 세척기는 가정에서 사용할 (15.　　　　　)로 만들어져서 좁은 공간에도 설치할 수 있고 소음도 적답니다. 해로운 (16.　　　　　)을 깨끗하게 제거하는 살균과 세척 (17.　　　　　)이 뛰어날 뿐만 아니라, 물기를 깔끔하게 건조해 식기에 얼룩이 남지 않습니다. 또 스마트폰을 이용해 어디서든 (18.　　　　　)으로 조정할 수 있습니다.

[19~21] 주어진 어휘를 활용하여 문장을 만들어 보세요.

19. 일생 → --

20. 해석 → --

21. 조밀하다 → --

여러 가지 설명 방법

개념 적용 1. <보기>를 읽고 주어진 글에 쓰인 설명 방법을 괄호 안에 각각 써 보세요.

<보기>   설명하는 글에는 내용을 알기 쉽게 전달하기 위해 다양한 설명 방법이 사용됩니다. 먼저 설명하려는 대상의 여러 가지 특징을 나열하는 것을 **열거**라고 합니다. 설명하려는 대상이 둘 이상이라면, 대상들의 공통점을 찾아 **비교**하거나 차이점을 찾아 **대조**하기도 합니다. 하나의 대상을 여러 부분으로 나누어 부분별로 하나하나 **분석**하거나, 여러 대상을 하나의 기준으로 나누어 **분류**할 수도 있습니다.

(1)   유산균은 우리 몸에 해로운 세균이 번식하는 것을 막아 줍니다. 또 음식물의 소화를 돕고, 소화된 음식물을 잘 배설할 수 있도록 도와줍니다.   (   )

(2)   화성은 지구와 닮은 점이 많습니다. 화성의 하루는 약 24시간 37분으로 지구와 비슷합니다. 또 화성의 양극도 지구처럼 얼음으로 덮여 있습니다.   (   )

(3)   전기문에는 네 가지 구성 요소가 담겨 있습니다. 먼저 인물의 일생이 나타납니다. 또 인물의 업적이 드러나는 사건과 인물이 살았던 시대적 배경이 드러납니다. 마지막으로 인물에 대한 글쓴이의 비평이 담깁니다.   (   )

맞춤법 2. 아래 표를 보고 주어진 문장의 맞춤법이 맞으면 ○, 틀리면 × 표를 해 보세요.

맞히다	맞추다
■ 문제에 대한 답을 틀리지 않게 하다. 예 정답을 **맞히다**. ■ 쏘거나 던져서 어떤 물체에 닿게 하다. 예 과녁에 화살을 **맞히다**. ■ 침, 주사 따위로 치료를 받게 하다. 예 엉덩이에 주사를 **맞히다**.	■ 대상들을 나란히 놓고 비교하여 살피다. 예 친구와 답을 **맞추다**. ■ 일부분을 제자리에 맞게 대어 붙이다. 예 퍼즐 조각을 **맞추다**. ■ 서로 어긋남이 없이 조화를 이루다. 예 손발을 **맞추다**.

(1)   군인들이 일제히 동작을 **맞추고** 행진했다.   (   )

(2)   시험이 끝나자 친구들은 서로 답을 **맞혀** 보느라 바빴다.   (   )

(3)   이 문제는 너무 어려워서 단 한 명도 답을 **맞추지** 못했다.   (   )

니콜라 테슬라는 일생 동안 전기를 연구하고 발명에 집중했습니다. 우리는 테슬라의 삶에서 집중력과 끈기 있는 태도를 배울 수 있답니다. 끈기에 관한 속담에는 어떤 것이 있는지 알아볼까요?

● **티끌 모아 태산**

작은 것이라도 모이고 모이면 나중에 큰 것이 되듯이, 노력을 멈추지 않으면 결국 원하는 바를 이룰 수 있다는 뜻입니다.

● **무쇠도 갈면 바늘 된다**

단단한 무쇠도 꾸준히 갈면 바늘이 될 수 있다는 말로, 꾸준히 노력하면 어려운 일도 이룰 수 있다는 뜻입니다.

● **공든 탑이 무너지랴**

공들여 쌓은 탑은 오래도록 쉽게 무너지지 않듯이, 정성과 노력을 다한 일은 그 결과가 헛되지 않고 반드시 좋은 결과를 얻는다는 뜻입니다.

● **우물을 파도 한 우물을 파라**

하던 일을 바꿔 가며 여러 가지 일을 하는 것보다는, 한 가지 일을 꾸준히 해야 원하는 결과를 얻을 수 있다는 뜻입니다.

● **구르는 돌은 이끼가 안 낀다**

습한 곳에서 자라는 이끼가 구르는 돌에는 끼지 못한다는 말로, 부지런히 노력하는 사람은 계속해서 발전한다는 뜻입니다.

● **열 번 찍어 안 넘어가는 나무 없다**

아무리 큰 나무도 여러 번 도끼질하면 넘어가듯이, 안 될 것 같은 일도 끈기 있게 시도하면 이루어진다는 뜻입니다.

예체능
실과

16 빌헬름 텔 서곡 감상문
음악 감상문

정답과 해설 35쪽

어휘로 만나기

1 빈칸에 들어갈 알맞은 어휘를 골라 써 보세요.

| 음색 | 명수 | 선율 | 묘사 | 자아내다 |

■ 이 소설의 주인공은 변덕스러운 성격으로 [　　　]되어 있다.

(뜻) 어떤 대상이나 사물, 현상 따위를 언어로 서술하거나 그림으로 그려서 표현함.

■ 우리나라의 전통 악기는 대부분 맑고 고운 [　　　]을 지녔다.

(뜻) 음을 만드는 구성 요소의 차이로 생기는 소리의 감각적인 특색.

■ 친구의 엉뚱한 대답이 웃음을 [낸다].

(뜻) 어떤 감정이나 생각, 웃음, 눈물 따위가 저절로 생기거나 나오도록 일으켜 내다.

■ 그는 해외에서도 잘 알려진 바둑의 [　　　]다.

(뜻) 기능이나 기술 따위에서 소질과 솜씨가 뛰어난 사람.

■ 방 안에는 클래식의 감미로운 [　　　]이 흐르고 있었다.

(뜻) 소리의 높낮이가 길이나 리듬과 어울려 나타나는 음의 흐름.

* **음색** 소리 音 빛 色 * **명수** 이름 名 재주 手 * **선율** 흐를 旋 법칙 律 * **묘사** 그릴 描 베낄 寫

주어진 한자가 쓰인 어휘를 <보기>에서 찾아 빈칸에 써 보세요.

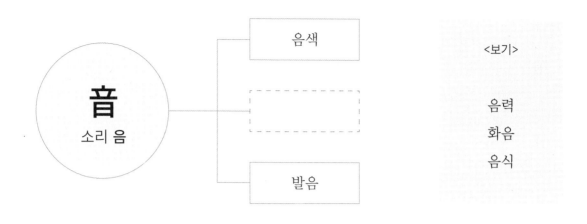

주어진 어휘와 뜻이 비슷한 어휘를 <보기>에서 찾아 빈칸에 써 보세요.

밑줄 친 어휘에 알맞은 뜻을 찾아 그 기호를 써 보세요.

자아내다	㉠ 물레나 기계로 실을 뽑아내다. ㉡ 어떤 감정이나 생각, 웃음, 눈물 따위가 저절로 생기거나 나오도록 일으켜 내다.

(1) 식당 벽에 달린 조명이 고급스러운 분위기를 **자아냈다**. ( )

(2) 어머니는 물레로 **자아낸** 실로 우리의 옷을 지어 주셨다. ( )

짧은 글로 만나기

표제 음악이란 이야기나 자연의 풍경과 같은 어떤 대상을 **묘사**하기 위해 만든 음악을 말합니다. 표제 음악에는 곡의 내용을 설명하거나 암시하는 제목, 즉 표제가 붙습니다. 표제를 보면 곡이 묘사하고 있는 대상을 미루어 짐작해 볼 수 있습니다. 생상스의 「동물의 사육제」, 로시니의 「빌헬름 텔 서곡」 등이 표제 음악에 해당됩니다.

반면 절대 음악은 오로지 음이 가지는 순수한 아름다움과 예술성을 추구하는 음악을 말합니다. 절대 음악은 문학이나 미술 등 음악이 아닌 분야와는 직접적인 관련이 없습니다. 대부분의 교향곡이나 소나타 등이 여기에 포함됩니다.

이해 **5** 빈칸에 들어갈 알맞은 말을 이 글에서 찾아 써 보세요.

☐☐ 음악이 음이 가지는 순수한 예술성을 추구하는 음악이라면,

☐☐ 음악은 어떤 대상을 묘사하기 위해 만든 음악을 말한다.

추론 **6** 이 글의 내용을 바르게 이해하지 <u>못한</u> 친구에 ∨ 표를 해 보세요.

☐ 겨울 : 「동물의 사육제」는 동물을 묘사한 곡일 거야.

☐ 제훈 : 대부분의 교향곡은 음악이 아닌 분야와 직접적인 관련이 없어.

☐ 정국 : 「빌헬름 텔 서곡」은 오로지 음의 아름다움을 보여 주기 위한 곡이야.

스위스에서는 활의 ㉠**명수**이자 전설 속의 영웅인 '빌헬름 텔'에 관한 이야기가 전해집니다.

아주 먼 옛날 포악한 총독* 게슬러는 막대기에 자신의 모자를 걸어 두고 지나가는 사람들에게 인사하도록 강요했습니다. 하지만 빌헬름 텔이 이를 어기자, 게슬러는 그에게 아들의 머리 위에 사과를 올려놓고 활로 사과를 맞히면 용서해 주겠다고 말합니다. 텔은 어쩔 수 없이 화살을 쐈고, 다행히 사과에 명중시켰습니다. 하지만 게슬러는 약속을 어기고 텔을 체포했습니다. 텔은 감옥으로 끌려가던 도중에 우연히 폭풍우를 만나 어수선한 틈을 타서 탈출에 성공합니다. 이후 텔이 게슬러를 활로 쏘아 처단하면서 마을에는 평화가 찾아옵니다.

* **총독** : 식민지를 다스리는 기관의 우두머리.

어휘 **7** 밑줄 친 어휘가 ㉠과 같은 뜻으로 쓰이지 <u>않은</u> 것에 ∨ 표를 해 보세요.

☐ 아버지는 미끼 없이도 고기를 잡는 낚시의 **명수**다.

☐ 행사에 참석하는 고객의 **명수**가 얼마나 되는지 세어 보았다.

☐ 역전의 **명수**인 그 선수는 이번 경기에서도 막바지에 3점 슛을 넣었다.

이해 **8** '빌헬름 텔'에 대한 설명으로 알맞지 <u>않은</u> 것에 ∨ 표를 해 보세요.

☐ 스위스의 전설 속 영웅이다.

☐ 게슬러가 걸어 둔 모자에 인사를 하지 않았다.

☐ 아들의 머리 위에 놓인 사과를 맞히지 못해서 결국 체포되었다.

독 / 해 / 원 / 리 **장면을 상상하며 읽기**

묘사가 드러난 글을 읽을 때는 장면을 머릿속으로 상상하면서 읽어 보세요. 글에서 묘사하고 있는 장면을 더욱 생생하고 재미있게 느낄 수 있답니다.

다음 글을 자세히 읽고, 질문에 답해 보세요. [9~12]　　　　🕐 읽은 시간 : _____ 분

긴 글로 만나기

빌헬름 텔 서곡 감상문

음악 감상문

■ **공연 제목**　한여름 밤의 로시니 음악회　　■ **공연 장소**　키 문화 회관

■ **연주곡에 대한 사전 조사**

• 「빌헬름 텔 서곡」은 작곡가 로시니의 오페라 「빌헬름 텔」에 나오는 서곡으로, '새벽', '폭풍우', '고요함', '스위스 군대의 행진'의 네 장면으로 구성되어 있다.

• 오페라 「빌헬름 텔」은 오스트리아의 지배에 맞서 싸운 스위스의 전설적인 영웅, 빌헬름 텔에 관한 희곡*을 바탕으로 만들어졌다.

• 서곡이란 오페라나 발레 같은 공연의 막을 열거나 주요 부분을 시작할 때 연주하는 곡을 말한다.

■ **연주곡 감상 내용**

　1부 '새벽'은 어둠이 걷히고 새벽이 밝아 오는 마을의 모습을 **묘사**한 곡이다. 느린 첼로 연주가 고요하고 신비로운 느낌을 **자아냈다**. 이어진 2부 '폭풍우'는 빌헬름 텔이 마주한 거센 폭풍우를 나타낸 곡으로, 팀파니를 스틱으로 빠르고 세게 두드리며 천둥소리를 표현했다. 박진감 넘치는 소리에 정말로 비바람이 몰아치는 것 같아서 바짝 긴장이 됐다. 3부 '고요함'은 폭풍우가 지나간 후 조용히 흐르는 강물과 그 위를 떠다니는 백조의 느린 움직임을 표현한 곡이다. 잉글리시 호른의 여리고 아름다운 **선율**을 듣고 있으니 마치 내가 평화로운 강가에 누워 있는 것 같은 느낌이 들었다. 마지막 4부 '스위스 군대의 행진'은 승리한 스위스 군대가 힘차게 행진하는 모습과 자유를 되찾은 스위스인들의 기쁨을 나타낸 곡이다. 트럼펫을 빠르고 세게 연주해서 축제 분위기처럼 신나고 밝은 느낌이 났다.

■ **감상 후 느낀 점**

　음악회 전날, 활의 **명수**인 빌헬름 텔에 관한 이야기를 찾아 읽어 보았다. 그리고 나서 「빌헬름 텔 서곡」을 감상했더니 빌헬름 텔이 살던 스위스 마을의 모습과 그가 겪은 시련이 머릿속에 생생하게 그려졌다. 장면마다 어울리는 **음색**을 가진 악기가 연주되어 빌헬름 텔 이야기가 더욱 실감 나고 재미있게 느껴졌다.

* 희곡 : 공연을 목적으로 하는 연극의 대본.

9 감상 내용을 정리하며 빈칸에 알맞은 말을 찾아 써 보세요.

1부	☐ 를 연주하여 고요하고 신비로운 느낌을 자아냈다.
2부	천둥 소리를 묘사하기 위해 ☐ 를 연주했다.
3부	잉글리시 호른으로 강물과 ☐ 의 움직임을 표현했다.
4부	☐ 을 연주하여 신나는 축제 분위기를 냈다.

주제 **10** 이 글의 부제목으로 가장 알맞은 것에 ∨ 표를 해 보세요.

☐ 스위스 영웅의 이야기를 담은 연극, 「빌헬름 텔 서곡」

☐ 다양한 악기로 빌헬름 텔 이야기를 묘사한 「빌헬름 텔 서곡」

☐ 비극적인 최후를 맞이한 빌헬름 텔의 추모곡, 「빌헬름 텔 서곡」

이해 **11** 이 글의 내용과 일치하지 <u>않는</u> 것을 골라 보세요.   (   )

① 「빌헬름 텔 서곡」은 총 네 장면으로 구성되어 있다.
② 오페라 「빌헬름 텔」에는 「빌헬름 텔 서곡」이 나온다.
③ 글쓴이는 음악회를 가기 전 빌헬름 텔에 관한 이야기를 읽었다.
④ 서곡은 공연의 막을 열거나 주요 부분을 시작할 때 연주하는 곡이다.
⑤ 「빌헬름 텔 서곡」은 스위스의 전설적인 영웅인 빌헬름 텔에 관한 희곡이다.

💡 장면을 상상하며 읽기

추론 **12** 이 글을 읽으며 상상한 장면이 알맞지 <u>않은</u> 친구의 이름을 써 보세요.   (   )

■ 민지 : 2부에서 휘몰아치는 폭풍우에 당황해하는 사람들이 떠올랐어.

■ 태수 : 3부에서 비바람으로 엉망이 된 숲속을 빠르게 날아가는 백조가 떠올랐어.

■ 정현 : 4부에서는 발을 맞춰 위풍당당하게 행진하는 군대의 모습이 상상되지 않아?

17 움직이는 조각상이 있다고?

설명문

정답과 해설 37쪽

어휘로
만나기

1 빈칸에 들어갈 알맞은 어휘를 골라 써 보세요.

| 대상 | 결합 | 모방 | 발상 | 떨치다 |

■ 라이트 형제는 독수리가 나는 모습을 [   ] 해서 비행기를 만들었다.

(뜻) 다른 것을 본뜨거나 본받음.

■ 뒤샹은 예술에 대한 남다른 [   ] 으로 미술계를 놀라게 했다.

(뜻) 어떤 생각을 해 냄.

■ 콜더는 모빌을 처음 만든 사람으로 널리 이름을 [쳤다].

(뜻) 위세나 명성 따위를 널리 드날리다.

■ 얀센은 움직이는 [   ] 의 모습을 본떠 작품의 뼈대를 만들었다.

(뜻) 어떤 일의 상대 또는 목표나 목적이 되는 것.

■ 그 소설은 역사와 작가의 상상력을 [   ] 한 흥미로운 작품이다.

(뜻) 서로 관계를 맺어 하나가 됨.

＊**대상** 대할 對 모양 象 ＊**결합** 맺을 結 합할 合 ＊**모방** 본뜰 模 본뜰 倣 ＊**발상** 필 發 생각 想

밑줄 친 어휘 중 주어진 한자가 쓰인 것을 찾아 ∨ 표를 해 보세요.

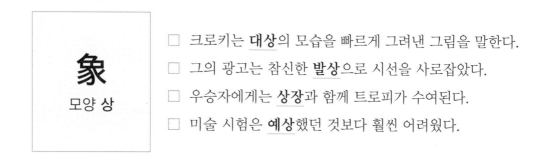

象
모양 상

□ 크로키는 **대상**의 모습을 빠르게 그려낸 그림을 말한다.
□ 그의 광고는 참신한 **발상**으로 시선을 사로잡았다.
□ 우승자에게는 **상장**과 함께 트로피가 수여된다.
□ 미술 시험은 **예상**했던 것보다 훨씬 어려웠다.

유의어
반의어 **3** 두 어휘의 뜻이 서로 비슷하면 =, 반대이면 ↔ 표를 해 보세요.

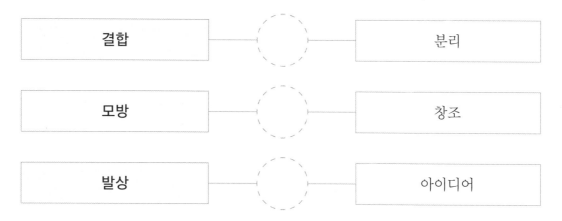

결합		분리
모방		창조
발상		아이디어

동형어 **4** 밑줄 친 어휘에 알맞은 뜻을 찾아 선으로 이어 보세요.

정엽이는 불안한 마음을 **떨치기** 위해 심호흡을 했다.

위세나 명성 따위를 널리 드날리다.

보미는 피아니스트로 널리 이름을 **떨치고** 있다.

불길한 생각이나 명예, 욕심 따위를 완강하게 버리다.

짧은 글로 만나기

조각은 입체적인 형상을 만드는 미술 분야입니다. 사람들은 먼 고대부터 흙이나 돌, 금속 등으로 조각상을 만들었습니다. 초기의 조각은 주로 장식이나 기념을 하기 위해 만들어졌고, 그래서 **대상**의 모습을 그대로 ⊙ 하거나 아름답게 미화한 것이 많았습니다.

19세기에 이르러 조각은 장식물이 아닌 하나의 예술로 인정받게 되었습니다. ⓒ조각에 대한 인식이 달라지면서 조각가들은 더욱 다채로운 표현을 하기 위해 고민했습니다. 섬유, 유리 등 다양한 재료를 조각에 활용하고 소리와 빛, 움직임도 이용하기 시작했습니다. 또 전시 공간을 확장하여 전시장이 아닌 공공장소에서도 작품을 선보이고 있습니다.

어휘 **5** ⊙에 들어갈 어휘로 알맞은 것에 ○ 표를 해 보세요.

기록   모방   발상   변형   왜곡

추론 **6** ⓒ의 의미로 가장 알맞은 것에 ∨ 표를 해 보세요.

☐ 조각에 다양한 재료를 활용하게 되면서

☐ 조각이 장식물이 아닌 예술로 인정받게 되면서

☐ 대상의 모습을 본뜨거나 미화하여 조각하게 되면서

　　서울 종로구 광화문에는 높이가 22미터에 이르는 거대한 조각상이 있습니다. 조나단 보로프스키의 「망치질하는 사람(Hammering Man)」이라는 작품입니다. 검은 철판으로 된 이 작품은 노동이 얼마나 가치 있는 일인지 표현하기 위해 만들어졌습니다.

　　이 조각상은 휴일을 제외하고 매일 아침 8시부터 저녁 6시까지 묵묵하게 망치질을 합니다. 조나단 보로프스키는 예술과 과학을 ㉠**결합**해서 조각상의 팔에 전기 모터를 달아 움직이도록 만들었습니다. 조각상의 팔은 35초에 한 번씩 위아래로 망치질을 합니다. 이렇게 움직이는 예술 작품을 '키네틱 아트'라고 부릅니다.

어휘 **7** ㉠의 쓰임이 알맞은 것에 ∨ 표를 해 보세요.

☐ 전래 동화는 대부분 행복한 **결합**으로 끝난다.

☐ 난희는 아침 일찍 일어나 운동을 하기로 **결합**했다.

☐ 뮤지컬은 음악과 춤, 연기를 **결합**한 종합적인 예술이다.

이해 **8** '망치질하는 사람'에 대한 설명으로 알맞지 <u>않은</u> 것에 ∨ 표를 해 보세요.

☐ 평일 하루 10시간 동안 35초에 한 번씩 망치질을 한다.

☐ 묵묵하게 망치질하고 있는 사람의 모습을 그린 그림이다.

☐ 조나단 보로프스키가 노동의 가치를 표현하기 위해 만들었다.

독/해/원/리 **낱말의 뜻을 짐작하며 읽기**

낯선 낱말이나 여러 뜻을 가진 낱말이 등장했을 때 글의 앞뒤 문맥을 살펴보면 뜻을 추측할 수 있어요. 비슷한 뜻을 가진 다른 낱말을 대신 넣어 보는 것도 좋은 방법이랍니다.

다음 글을 자세히 읽고, 질문에 답해 보세요. [9~12]　　　　　⏱ 읽은 시간 : ＿＿＿＿＿ 분

**긴 글로
만나기**

움직이는 조각상이 있다고?

설명문

　2016년에 개최된 리우 올림픽은 조각가 안토니 하위가 만든 키네틱 아트로 화려하게 막을 열었습니다. 한 선수가 올림픽 성화대에 불을 붙이자 금속으로 조각한 꽃이 경기장 한가운데로 내려왔습니다. 지름이 12미터인 이 거대한 꽃은 나선형*으로 회전하면서 성화대 불빛을 반사하여 경기장을 환하게 밝혔습니다. 이렇게 움직이는 예술 작품을 가리켜 '키네틱 아트'라고 합니다.

　최초의 키네틱 아트는 마르셀 뒤샹이 1913년에 발표한 「자전거 바퀴(Roue de bicyclette)」입니다. 이전까지는 조각이 움직일 수 있다는 생각을 아무도 하지 못했습니다. 뒤샹은 나무 의자 위에 자전거 바퀴를 거꾸로 올려놓고, 관람객이 직접 바퀴를 돌리며 바큇살의 모습이 사라지고 나타나는 모습을 바라보게 했습니다. 이처럼 뒤샹은 신선한 **발상**으로 기발한 작품들을 발표해 널리 이름을 **떨쳤습니다**.

　알렉산더 콜더는 1932년부터 움직이는 조각을 만들며 키네틱 아트의 황금기를 이끈 인물입니다. 콜더는 몬드리안이라는 화가의 작품에 푹 빠져 있었고, 몬드리안의 작품을 움직이게 만들고 싶었습니다. 그는 몬드리안이 작품에 자주 쓰는 색으로 칠한 작은 조각들을 휘어진 철사에 매달아서 이리저리 흔들리는 작품을 만들었습니다. 콜더와 절친했던 뒤샹이 이 작품에 「모빌(Mobile)」이란 이름을 붙여 주면서, 오늘날 우리가 알고 있는 '모빌'이 탄생하게 되었습니다.

　테오 얀센은 현대의 키네틱 아트를 대표하는 작가 중 한 명입니다. 그의 작품인 「해변 동물(Strandbeest)」은 플라스틱 관과 끈, 비닐로 만든 거대한 동물 모양의 조각입니다. 얀센은 벌레의 모습에서 ㉠영감을 얻고, **대상**의 움직임을 **모방**해 조각의 뼈대를 정교하게 만들었습니다. 이 작품은 엔진이나 모터를 달지 않고도 바닷가에서 불어오는 바람만을 이용해서 살아 있는 듯 힘차게 걸어 다닙니다.

　오늘날 키네틱 아트는 소리, 레이저 등 다양한 재료와 방법을 이용해 만들어집니다. 그리고 과학을 비롯한 여러 분야와 **결합**하며 예술의 경계를 허물고 무궁무진한 가능성을 보여 주고 있습니다.

*나선형 : 소라의 껍데기처럼 빙빙 돌아간 모양.

9 이 글에 나온 작가들이 작품을 소개한 말로 알맞지 <u>않은</u> 것을 골라 보세요. (　　　　)

① 안토니 하위 : 나는 나선형으로 회전하는 꽃 조각을 만들었어.

② 마르셀 뒤샹 : 내가 만든 「자전거 바퀴」가 최초의 키네틱 아트지.

③ 몬드리안 : 나는 철사를 이용해 이리저리 흔들리는 모빌을 만들었어.

④ 알렉산더 콜더 : 「모빌」이라는 이름은 마르셀 뒤샹이 지어 준 거라네.

⑤ 테오 얀센 : 「해변 동물」은 모터가 아닌 바람의 힘을 이용해서 움직인다네.

10 다음 중 '마르셀 뒤샹'의 작품으로 알맞은 것에 ○ 표를 해 보세요.

   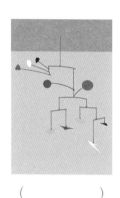

(　　　) 　　(　　　) 　　(　　　) 　　(　　　)

 낱말의 뜻을 짐작하며 읽기

11 ㉠의 뜻을 바르게 짐작한 친구를 골라 보세요. (　　　　)

① 예슬 : 단감이나 곶감처럼 '감'의 한 종류이지 않을까?

② 홍수 : 난 이 낱말이 무슨 뜻인지 알아. '나이 많은 남자'를 가리키는 말이잖아.

③ 승헌 : 앞 문장에 플라스틱, 비닐 같은 말이 있으니 '재료'와 같은 뜻인 것 같아.

④ 상현 : 벌레를 보고 떠올린 생각이라는 뜻이니까 '아이디어'와 바꿔 쓸 수 있겠어.

⑤ 소나 : 뒤 문장에 뼈대를 만들었다고 했으니 뼈대를 제작할 '기술'을 뜻하지 않을까?

12 '알렉산더 콜더'가 '몬드리안'에게 했을 말을 이 글에서 찾아 써 보세요.

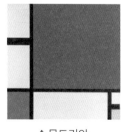

콜더 : "나는 당신의 작품을 보고 감명을 받았지요. 그래서

＿＿＿＿＿＿＿＿＿＿＿＿＿＿＿＿＿＿＿＿

싶었답니다. 그러기 위해 당신이 작품에 사용한 색을 입힌 작은 조

각들을 만들고, 철사에 균형 있게 매달아 「모빌」을 만들었어요."

↑ 몬드리안,
「빨강, 파랑, 노랑의 구성」

교과 연계
체육 5
건강하게 성장해요

교과 융합
체육 ★ 국어

18 동백꽃
소설

정답과 해설 39쪽

어휘로 만나기

1 빈칸에 들어갈 알맞은 어휘를 골라 써 보세요.

| 기색 | 점잖다 | 대견하다 | 수작 | 끼치다 |

■ 형은 중학생이 되더니 제법 [아   ] 보인다.

㈜ 언행이나 태도가 의젓하고 신중하다.

■ 어머니는 속을 썩이지 않고 사춘기를 보낸 언니를 [해   ] 하셨다.

㈜ 흐뭇하고 자랑스럽다.

■ 해가 중천에 떴지만 동생은 일어날 [   ] 이 없다.

㈜ 어떠한 행동이나 현상 따위가 일어나는 것을 짐작할 수 있게 하는 낌새.

■ 창문을 열자 더운 기운이 [쳐   ] 들어왔다.

㈜ 기운이나 냄새, 생각, 느낌 따위가 덮치듯이 확 밀려들다.

■ 그는 잘못을 감추려고 [   ] 을 부렸다.

㈜ 남의 말이나 행동을 낮잡아 이르는 말.

---

* **기색** 기운 氣 빛 色　* **수작** 권할 酬 따를 酌

주어진 한자가 쓰인 어휘를 <보기>에서 찾아 빈칸에 써 보세요.

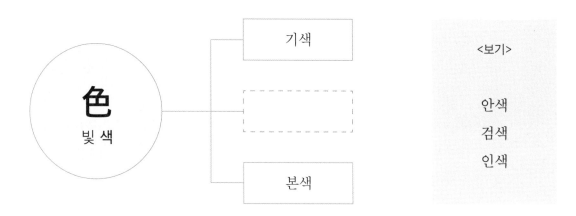

색 (色)
빛 색

- 기색
-
- 본색

<보기>

안색

검색

인색

주어진 어휘와 뜻이 비슷한 어휘를 <보기>에서 찾아 빈칸에 써 보세요.

점잖다 =

대견하다 =

수작 =

<보기>

의젓하다

꿍꿍이

기특하다

밑줄 친 어휘에 알맞은 뜻을 찾아 그 기호를 써 보세요.

끼치다	㉠ 기운이나 냄새, 생각, 느낌 따위가 덮치듯이 확 밀려들다. ㉡ 영향, 해, 은혜 따위를 당하거나 입게 하다.

(1) 바다 냄새가 바람을 타고 코에 훅 **끼쳤다**.　　　　　　　　(　　　)

(2) 기후 변화는 동식물의 생태계에 영향을 **끼친다**.　　　　　　(　　　)

짧은 글로 만나기

몸과 마음이 성장하면서 어른이 될 준비를 하는 시기를 사춘기라고 합니다. 사춘기에는 남자와 여자의 신체적인 변화가 두드러지게 나타납니다. 남자는 수염이 나고 목소리가 변합니다. 또 가슴이 넓어지고 어깨가 벌어집니다. 여자는 가슴과 엉덩이가 커지고 월경을 시작합니다. 여자와 남자에게서 모두 나타나는 변화도 있습니다. 겨드랑이와 생식기 주위에 털이 나고, 여드름이 나기도 합니다.

사춘기에는 신체적인 변화뿐 아니라 정신적인 변화도 나타납니다. 이성에 대한 호기심이 생기고 감정의 변화가 심해집니다. 겉으로 보기에는 ㉠**점잖아** 보이지만, 사소한 것에도 예민하게 반응하여 부모님이나 친구들과 갈등을 일으키기도 합니다.

어휘 **5** ㉠과 비슷한 의미를 가진 어휘가 들어간 문장에 ∨ 표를 해 보세요.

☐ 그는 늘 옷차림이 **세련됐다**.

☐ 오빠는 **얌전하고** 말썽을 부리지 않는 모범생이다.

☐ **똑똑한** 그는 내가 어떤 것을 물어봐도 막힘없이 대답한다.

이해 **6** 이 글의 내용과 일치하지 <u>않는</u> 것에 ∨ 표를 해 보세요.

☐ 사춘기에는 남녀 모두 여드름이 날 수 있다.

☐ 사춘기에는 이성에 대한 호기심이 줄어든다.

☐ 사춘기에는 신체적인 변화와 정신적인 변화가 함께 일어난다.

「동백꽃」은 강원도 농촌에 사는 소년과 소녀의 이야기를 그린 소설입니다. 이 소설에 등장하는 소녀 점순이는 주인공인 '나'를 좋아하고 적극적으로 관심을 표현합니다. 하지만 어수룩하고* 순박한 '나'는 점순이의 마음을 전혀 눈치채지 못합니다. '나'는 점순이가 호감의 표현으로 감자를 주어도 생색을 낸다며 언짢아하고, 거절당한 점순이가 돌아갈 [㉠]이 없이 눈물을 보이자 어리둥절해 합니다.

이렇게 두 인물이 서로 갈등하는 이야기를 '나'가 직접 독자에게 전달하고 있습니다. 따라서 독자는 점순이의 마음을 혼자만 모르는 '나'를 보면서 재미를 느낄 수 있습니다.

* **어수룩하다** : 겉모습, 말, 행동 등이 치밀하지 못하여 순진하고 어설프다.

어휘 **7** ㉠에 들어갈 어휘로 알맞은 것에 ○ 표를 해 보세요.

기력   기회   기억   기색   기대

이해 **8** 이 글의 내용과 일치하는 것에 ○, 일치하지 않는 것에 × 표를 해 보세요.

■ 「동백꽃」의 주인공 '나'는 자신의 이야기를 독자에게 전달한다. (　　)

■ 「동백꽃」에서 '나'는 점순이가 자신을 좋아하는 것을 알고 있다. (　　)

■ 「동백꽃」은 강원도 농촌에 사는 '나'와 점순이의 이야기를 그린 소설이다.(　　)

독/해/원/리 **인물의 마음을 짐작하며 읽기**

소설에서 인물의 마음은 직접 설명되기도 하지만 인물의 대사나 행동을 통해 간접적으로 드러나기도 해요. 글을 읽으며 등장인물의 마음을 짐작해 보세요.

다음 글을 자세히 읽고, 질문에 답해 보세요. [9~12]　　　　🕐 읽은 시간 : _____ 분

긴 글로 만나기

동백꽃

소설 / 김유정

앞부분 줄거리 : 점순이는 '나'의 집 수탉과 자신의 집 수탉끼리 싸움을 자주 붙였다. '나'는 맨날 당하기만 하는 자신의 수탉을 보고 점순이에게 화가 났다.

　나흘 전 감자 쪼간*만 하더라도 ㉠나는 저에게 조금도 잘못한 것은 없다.

　㉡계집애가 나물을 캐러 가면 갔지 남 울타리 엮는 데 쌩이질*을 하는 것은 다 뭐냐. 그것도 발소리를 죽여 가지고 등 뒤로 살며시 와서,

　"얘! 너 혼자만 일하니?" 하고 긴치 않은 **수작**을 하는 것이다.

　어제까지도 ㉢저와 나는 이야기도 잘 하지 않고 서로 만나도 본척만척하고 이렇게 **점잖게** 지내던 터이련만 오늘로 갑작스레 **대견해**졌음은 웬일인가. 항차 망아지만 한 계집애가 남 일하는 놈 보구……

　"그럼 혼자 하지 떼루 하디?" 내가 이렇게 내뱉는 소리를 하니까

　"너 일하기 좋니?" 또는 "한여름이나 되거든 하지 벌써 울타리를 하니?"

　잔소리를 두루 늘어놓다가 남이 들을까 봐 손으로 입을 틀어막고는 그 속에서 깔깔댄다. 별로 우스울 것도 없는데 날씨가 풀리더니 이놈의 계집애가 미쳤나 하고 의심하였다. 게다가 조금 뒤에는 제 집께를 할금할금 돌아다보더니 행주치마의 속으로 꼈던 바른손*을 뽑아서 나의 턱밑으로 불쑥 내미는 것이다. 언제 구웠는지 아직도 더운 김이 홱 **끼치는** 굵은 감자 세 개가 손에 뿌듯이 쥐였다.

　"느 집엔 이거 없지?" 하고 생색 있는 큰소리를 하고는 ㉣제가 준 것을 남이 알면 큰일 날 테니 여기서 얼른 먹어 버리란다. 그리고 또 하는 소리가

　"너 봄 감자가 맛있단다."

　"난 감자 안 먹는다. ㉤니나 먹어라."

　나는 고개도 돌리지 않고 일하던 손으로 그 감자를 도로 어깨 너머로 쑥 밀어 버렸다. 그랬더니 그래도 가는 **기색**이 없고, 그뿐만 아니라 쌔근쌔근하고 심상치 않게 숨소리가 점점 거칠어진다. 이건 또 뭐야 싶어서 그때에야 비로소 돌아다보니 나는 참으로 놀랐다. 우리가 이 동리에 들어온 것은 근 삼 년째 되어 오지만 여지껏 가무잡잡한 점순이의 얼굴이 이렇게까지 홍당무처럼 새빨개진 법이 없었다. 게다가 눈에 독을 올리고 한참 나를 요렇게 쏘아보더니 나중에는 눈물까지 어리는 것이 아니냐.

　　*쪼간 : 어떤 사건이나 일.　*쌩이질 : 쓸데없는 일로 귀찮게 구는 것.　*바른손 : 오른쪽 손.

이해 **9** 이 글의 내용과 일치하지 <u>않는</u> 것을 골라 보세요. ( )

① 사투리가 나온다.

② 이야기의 계절적 배경은 한여름이다.

③ '나'는 점순이가 준 감자를 먹지 않았다.

④ '나'는 점순이의 행동을 이해하지 못하고 있다.

⑤ 점순이는 자신의 마음을 몰라주는 '나'에게 화가 났다.

이해 **10** ㉠~㉤ 중 가리키는 인물이 <u>다른</u> 것을 골라 보세요. ( )

① ㉠　　　② ㉡　　　③ ㉢　　　④ ㉣　　　⑤ ㉤

💡 인물의 마음을 짐작하며 읽기

추론 **11** 이 글에 등장하는 인물의 마음을 <u>잘못</u> 짐작한 것을 골라 보세요. ( )

① '나'는 점순이가 자신을 좋아한다는 걸 알고, 부담스러워서 피하고 있어.

② 점순이가 수작을 한다고 표현한 것으로 보아, '나'는 점순이를 귀찮아하고 있어.

③ 점순이는 '나'가 감자를 받지 않자, 마음을 거절당한 것 같아 눈물을 보인 걸 거야.

④ 괜히 닭싸움을 붙여서 '나'의 관심을 끌거나 감자를 주는 걸 보면, 점순이가 '나'를 좋아하는 것 같아.

⑤ 점순이가 '나'에게 감자를 주면서 남이 알면 큰일 난다고 한 걸 보니, 자신이 '나'를 좋아하는 것을 다른 사람들이 알까 봐 걱정하고 있어.

✏️ 서술형

추론 **12** 다음은 '나'가 쓴 가상의 일기입니다. 밑줄에 들어갈 말을 이 글에서 찾아 써 보세요.

> 19○○년 ○월 ○일
>
> 　　요즘 점순이 때문에 머리가 아프다. 일하고 있는데 와서 괜히 수작을 하는 건 뭐람? 점순이가 감자를 주면서 "＿＿＿＿＿＿＿＿＿＿＿＿＿＿"라고 말했다. 자기네 집이 잘 산다고 생색을 내는 것이 분명하다. 마음이 상해서 감자 따위는 먹고 싶지도 않았다. 그런데 점순이가 갑자기 얼굴이 빨개져서는 나를 째려보더니 눈물까지 보였다. 정말 이상한 애다.

교과 연계
체육 5
민속춤의 이해

교과 융합
체육 ★ 사회

19
봉산 탈춤의 탈에 숨어 있는 비밀
설명문

정답과 해설 41쪽

어휘로 만나기

1 빈칸에 들어갈 알맞은 어휘를 골라 써 보세요.

민중　　맞서다　　조롱　　비판　　부패

■ 말뚝이는 [　　　] 이 섞인 말로 양반을 놀렸다.

(뜻) 비웃거나 깔보면서 놀림.

■ 그는 양반의 허세에 [　　는　　] 인물이다.

(뜻) 서로 굽히지 않고 마주 겨루어 버티다.

■ 모두가 한마음의 되어 [　　　] 의 힘이 강하다는 것을 보여 주었다.

(뜻) 국가나 사회를 구성하는 일반 국민.

■ [　　　] 한 사회를 바로잡기 위해 노력했다.

(뜻) 정치, 사상, 의식 따위가 타락함.

■ 탈춤을 통해 사회 문제를 [　　　] 했다.

(뜻) 현상의 옳고 그름을 판단하여 밝히거나, 잘못된 점을 지적함.

* **민중** 백성 民 무리 衆　* **조롱** 비웃을 嘲 희롱할 弄　* **비판** 비평할 批 판가름할 判　* **부패** 썩을 腐 썩을 敗

주어진 한자가 쓰인 어휘를 <보기>에서 찾아 빈칸에 써 보세요.

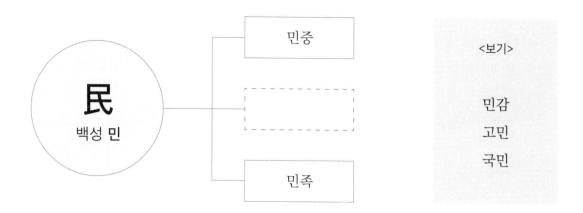

두 어휘의 뜻이 서로 비슷하면 =, 반대이면 ↔ 표를 해 보세요.

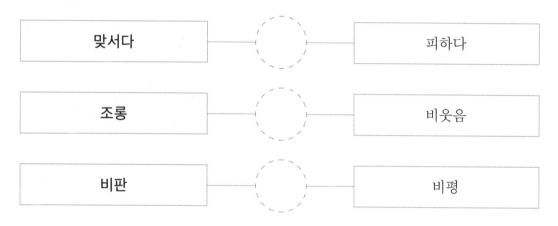

밑줄 친 어휘에 알맞은 뜻을 찾아 그 기호를 써 보세요.

부패	㉠ 정치, 사상, 의식 따위가 타락함. ㉡ 균에 의해 물질이 악취와 독성을 발생시키는 변화.

(1) **부패**한 정치인의 잘못을 고발했다. ( )

(2) 음식물이 **부패**하여 지독한 냄새가 난다. ( )

**짧은 글로
만나기**

　　탈춤은 탈을 쓰고 추는 춤입니다. 탈을 쓰고 춤을 추는 행위는 아주 오래 전 농경 사회 때부터 있었습니다. 그해 농사가 잘되길 바라며 제사를 지낼 때 행해졌습니다.

　　춤과 연극이 합쳐진 형태의 탈춤은 삼국 시대 때 처음 등장했습니다. 주로 궁에서 열리는 불교 행사 때 탈춤이 공연되었습니다. 이후 조선 시대 초기에도 궁에서 탈춤을 상연*했습니다. 시간이 흘러 조선 후기에 탈춤이 **민중**에게 퍼지면서, 탈춤은 전성기를 맞게 됩니다. 민중의 중요한 문화로 자리 잡은 탈춤은 주로 양반을 **비판**하는 주제를 다루었습니다.

* **상연** : 연극 따위를 무대에서 하여 관객에게 보이는 일.

이해 **5** 빈칸에 들어갈 알맞은 말을 이 글에서 찾아 써 보세요.

탈춤은 ▢을 쓰고 추는 ▢으로, 삼국 시대 이후 주로 ▢에서

공연되다가 조선 후기에 ▢에게 퍼지게 되었다.

이해 **6** 이 글의 내용과 일치하는 것에 ∨ 표를 해 보세요.

☐ 탈춤은 양반만 즐기던 문화다.

☐ 탈춤이 처음 등장한 것은 조선 시대다.

☐ 조선 후기의 탈춤은 주로 양반을 비판하는 주제를 다루었다.

"쉬이 양반 나오신다! 개잘량이라는 '양'자에 개다리소반이라는 '반'자를 쓰는 양반이 나오신단 말이오."

이는 봉산 탈춤의 여섯 번째 장에서 말뚝이가 양반을 놀리며 소개하는 대사입니다. 여기서 개잘량은 개의 가죽으로 만든 방석이고, 개다리 소반은 개의 뒷다리처럼 다리가 구부러진 작은 상을 말합니다. 말뚝이는 실제로 없는 한자를 만들어서 양반을 개의 가죽이나 다리에 빗댄 것입니다. 이는 말뚝이가 무능력하고 **부패**한 양반을 　⊙　 하려는 의도를 갖고 한 말입니다. 하지만 양반은 어리석게도 자신을 놀리는지 모르고 넘어갑니다.

어휘 **7** ⊙에 들어갈 어휘로 알맞은 것에 ○ 표를 해 보세요.

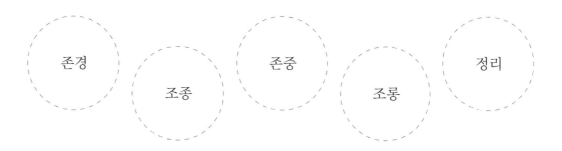

존경　　조종　　존중　　조롱　　정리

이해 **8** 이 글의 내용과 일치하는 것에 ∨ 표를 해 보세요.

☐ 말뚝이는 양반을 조롱하지 못하는 인물이다.

☐ 봉산 탈춤에서 양반은 위엄 있는 모습으로 등장한다.

☐ 말뚝이는 양반을 개의 가죽이나 다리에 빗대어 소개한다.

독/해/원/리 **글의 구조를 생각하며 읽기**

글을 읽을 때 구조를 생각하며 읽으면 글의 내용을 더욱 쉽게 이해할 수 있어요. 글의 중심 내용을 파악하면서 글의 구조를 생각해 보세요.

다음 글을 자세히 읽고, 질문에 답해 보세요. [9~12]   읽은 시간 : _____ 분

긴 글로 만나기

봉산 탈춤의 탈에 숨어 있는 비밀

설명문

탈춤은 탈을 쓰고 추는 춤입니다. 삼국 시대와 조선 초기에는 주로 궁에서 공연되었지만, 조선 후기로 가면서 민중이 즐기는 대중적인 문화로 발전했습니다. **민중**은 탈춤을 통해 자신들의 고달픈 삶을 익살스럽게 표현하면서 당시 사회를 **비판**했습니다.

황해도 봉산군에서 전승*된 '봉산 탈춤'에는 양반 삼 형제, 말뚝이, 그리고 취발이가 등장합니다. 이들이 쓴 탈은 모두 특이한 생김새 뒤로 의미를 숨기고 있습니다. 그럼 각 탈이 어떤 비밀을 숨기고 있는지 알아볼까요?

양반 삼 형제는 샌님, 서방님 그리고 도련님입니다. 이들은 권위가 있는 양반의 모습과는 거리가 멉니다. 모두 정상적이지 않은 생김새고, 우스꽝스럽게 행동합니다. 샌님과 서방님 탈은 입술이 위로 찢어져 입과 코에 빨간 줄이 있습니다. 도련님 탈은 입이 삐뚤어져 있습니다. 당시에는 돈으로 양반의 자리를 사는 일이 흔했고, **부패**한 양반이 늘어나 양반의 지위가 낮았습니다. 양반 탈의 우스꽝스러운 생김새에는 무능력하고 허세 가득한 양반을 비판하려는 의도가 담겨 있는 것입니다.

말뚝이는 재미있는 대사와 행동으로 양반 삼 형제를 **조롱**하여 웃음을 주는 인물입니다. 이러한 말뚝이는 양반을 비꼬고 싶어 하는 민중의 마음을 보여 줍니다. 또 양반 탈이 모두 흰색인 데 비해 말뚝이 탈의 얼굴은 검습니다. 이는 열심히 일하는 민중의 건강한 삶을 나타냅니다.

취발이는 돈이 많은 상인입니다. 당시 조선 사회는 취발이 같은 상인이 양반의 신분을 돈으로 살 수 있었습니다. 따라서 양반에 **맞설** 수 있는 취발이는 양반이 제일 싫어하는 인물입니다. 취발이 탈의 얼굴은 붉고, 눈은 크고 매서워 마치 양반을 노려보는 듯합니다.

이렇게 봉산 탈춤에는 다양한 인물과 독특한 탈이 등장합니다. 이를 통해 양반을 비판하려는 민중의 마음과 당시 흔들리는 조선의 신분 제도를 알 수 있습니다.

* 전승 : 문화, 풍속 등을 물려주어 잇게 함.

구조 **9** 이 글의 구조를 생각하며 빈칸에 알맞은 말을 찾아 써 보세요.

처음 (1~2문단)	탈춤의 의미와 [ ]의 탈에 대한 소개
중간 (3~5문단)	[ ] 삼 형제, 말뚝이, [ ] 탈의 숨은 의미
끝 (6문단)	양반을 비판하려는 [ ]의 마음을 보여 주는 봉산 탈춤의 탈

이해 **10** 이 글의 내용과 일치하지 <u>않는</u> 것을 골라 보세요. (   )

① 탈춤은 탈을 쓰고 추는 춤이다.

② 봉산 탈춤의 양반 탈은 흰색이다.

③ 조선 후기에 부패한 양반이 늘어났다.

④ 말뚝이는 양반 삼 형제를 조롱하는 인물이다.

⑤ 봉산 탈춤에 나오는 탈들은 모두 똑같이 생겼다.

추론 **11** 이 글과 <보기>를 통해 짐작한 내용으로 알맞은 것에 ∨ 표를 해 보세요.

<보기>

조선 시대에는 신분을 양반, 중인, 상민, 천민으로 구분했습니다. 양반은 지배층이었고, 중인은 양반을 도와 일했습니다. 상민은 주로 농업과 상업을 하는 대부분의 민중이었고, 천민은 대부분 노비였습니다. 이러한 신분은 태어나면서부터 주어졌습니다.

☐ 취발이는 천민이다.

☐ 민중이 양반을 조롱하고 비판하는 문화는 불가능했다.

☐ 태어나면서부터 양반인 사람이 있고, 돈으로 신분을 사서 양반이 된 사람도 있었다.

서술형

이해 **12** 양반 탈이 아래 사진과 같이 우스꽝스럽게 생긴 까닭을 이 글에서 찾아 써 보세요.

양반 탈에는 민중이 _____

_____ 하려는 의도가 담겨 있기 때문입니다.

↑ 도련님 탈

20 미슐랭의 모든 것
설명문

정답과 해설 43쪽

어휘로 만나기

1 빈칸에 들어갈 알맞은 어휘를 골라 써 보세요.

| 미식 | 오감 | 들르다 | 심사 | 합당하다 |

■ 우리는 음식을 먹을 때 [   ]을 사용하여 종합적으로 맛을 느낀다.

(뜻) 시각, 청각, 후각, 미각, 촉각의 다섯 가지 감각.

■ 그 식당은 공정한 [   ]를 거쳐서 미슐랭 별 2개를 받았다.

(뜻) 자세하게 조사하여 등급이나 당락 따위를 결정함.

■ 그는 여행지에서 유명한 식당을 찾아다니며 [   ]을 즐긴다.

(뜻) 좋은 음식, 또는 그런 음식을 먹음.

■ 하굣길에 친구와 분식집에 [러] 간식을 먹었다.

(뜻) 지나가는 길에 잠깐 들어가 머무르다.

■ 음식의 가격이 맛과 재료의 수준에 [하다].

(뜻) 어떤 기준, 조건, 용도 따위에 꼭 알맞다.

---

* **미식** 아름다울 美 먹을 食 * **오감** 다섯 五 느낄 感 * **심사** 살필 審 조사할 査 * **합당** 맞을 合 마땅 當

주어진 한자가 쓰인 어휘를 <보기>에서 찾아 빈칸에 써 보세요.

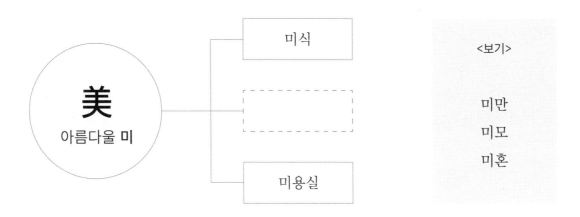

<상위어 하위어> 3 주어진 어휘를 보고, 알맞은 어휘를 <보기>에서 찾아 빈칸에 써 보세요.

<보기>　　　감정　　　오감　　　청각　　　소리　　　촉각

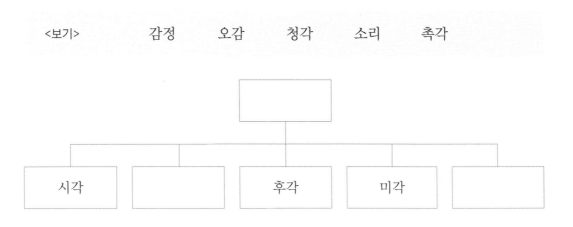

유의어 4 주어진 어휘와 뜻이 비슷한 어휘를 <보기>에서 찾아 빈칸에 써 보세요.

짧은 글로 만나기

음식을 먹을 때 ⟨ ㉠ ⟩을 활용하면 맛을 다양하게 느낄 수 있습니다. 먼저 시각으로 음식의 색과 모양을 보며 음식이 어떤 맛일지 상상합니다. 손으로 먹는 음식은 촉각을 사용할 수도 있습니다. 사과를 베어 먹기 전에 매끈한 사과의 표면을 만지는 것처럼 말입니다. 그리고 미각을 이용해 맛을 본 뒤, 후각으로 음식의 냄새를 맡으며 맛을 더 깊게 느껴 봅니다. 마지막으로 음식을 씹으며 청각으로 어떤 소리가 나는지 귀 기울여 봅니다. 시각, 촉각, 미각, 후각, 청각으로 모두 느낀 맛이 입안에서 풍성하게 어우러질 것입니다.

이렇게 **오감**을 활용하여 음식을 먹으면 다양한 맛을 경험하고 여러 가지 맛을 비교할 수 있어 편식을 교정할 수도 있습니다.

어휘 **5** ㉠에 들어갈 어휘로 알맞은 것에 ○ 표를 해 보세요.

감성   공감   예감   오감   쾌감

이해 **6** 이 글의 내용과 일치하는 것에 ∨ 표를 해 보세요.

☐ 음식을 먹을 때 우리는 미각만 사용한다.

☐ 청각은 음식을 먹을 때 사용되는 감각이 아니다.

☐ 오감을 활용해 다양한 맛을 경험하면 편식을 교정할 수도 있다.

"맛있는 음식을 찾아다니며 먹는 사람을 '미식가'라고 합니다. 그럼 미식가의 '미'는 한자로 무엇일까요?"

이것은 한 퀴즈 프로그램에서 나온 문제입니다. 보기는 '쌀 미', '아닐 미', '아름다울 미', '맛 미'였습니다. 참가자 38명 중 단 한 명만이 정답인 '아름다울 미'를 골랐습니다. 그는 정답을 선택한 이유로 "음식은 아름다우니까요."라고 대답했습니다.

㉠**미식**은 좋은 음식, 혹은 좋은 음식을 먹는 것을 말합니다. 단순히 배를 채우기 위해 음식을 먹는 것에서 나아가, 음식을 즐기는 것이 미식입니다. 맛을 음미*하고, 먹는 순서와 방법 등을 생각하며 복합적으로 음식을 즐기는 것입니다.

* **음미** : 어떤 사물 또는 개념의 속 내용을 새겨서 느끼거나 생각함.

어휘 **7** ㉠의 쓰임이 알맞지 <u>않은</u> 것에 ∨ 표를 해 보세요.

☐ 그는 **미식**이 취미이다.

☐ 나는 주말마다 식당을 검색하여 **미식** 생활을 즐겼다.

☐ 건강을 위해서는 **미식**을 하지 말고 모든 음식을 골고루 먹어야 한다.

이해 **8** 이 글의 내용과 일치하는 것에 ○, 일치하지 않는 것에 × 표를 해 보세요.

■ 미식가의 '미'는 한자로 '맛 미'다. ( )

■ 미식은 음식을 여러 방법으로 즐기는 것이다. ( )

■ 미식은 좋아하는 특정 음식만 먹는 것을 말한다. ( )

독/해/원/리 **문단의 중심 내용을 정리하며 읽기**

문단마다 중심 내용을 정리하며 글을 읽으면 글의 내용을 기억하기 쉽고, 글의 주제를 정확하게 파악할 수 있어요. 각 문단의 중요한 내용에 밑줄을 치며 중심 내용을 정리해 보세요.

다음 글을 자세히 읽고, 질문에 답해 보세요. [9~12]　　　🕐 읽은 시간 : _____ 분

미슐랭의 모든 것

설명문

긴 글로 만나기

　1889년, 프랑스의 앙드레 미슐랭과 에두아르 미슐랭 형제는 자신들의 이름을 딴 타이어 회사를 설립했습니다. 당시 프랑스에는 자동차가 약 350대 밖에 없었습니다. 미슐랭 형제는 자동차를 더 많은 사람이 구입하게 만들어서 타이어의 판매량을 늘리려고 했습니다. 이를 위해 지도, 주요소 위치, **들를** 만한 식당의 목록 등 자동차 여행에 필요한 정보를 담은 안내책을 만들었습니다. 그리고 사람들에게 20년 동안 무료로 나누어 주었습니다. 그러던 어느 날, 앙드레는 자신이 만든 책이 한 타이어 가게에서 고작 작업대 받침으로 쓰이는 것을 보고, 사람들은 돈을 내고 산 물건만 가치를 인정한다는 것을 깨달았습니다. 그리고 『미슐랭 가이드』라는 이름으로 책을 새로 만들어 유료로 판매했습니다. 이 책에는 미슐랭 형제가 선정한 식당과 호텔의 목록이 담겼습니다.

　『미슐랭 가이드』에 실린 식당의 영향력이 커지자, 미슐랭 형제는 책에 넣을 식당을 평가하는 '비밀 평가단'을 모집했습니다. 이들은 철저하게 신분을 숨기고 전 세계의 식당을 방문합니다. 매번 다른 가명을 쓰고, 주변 사람들에게도 자신이 무슨 일을 하는지 알리지 않습니다. 이들은 다양한 국적, 인종, 나이로 구성되어 있습니다. 음식에 대한 지식이 풍부한 평가단은 **오감**을 사용하여 음식의 맛을 섬세하게 봅니다. 또 가격이 **합당한지**, 다시 방문해도 맛을 그대로 유지하는지도 살펴봅니다. 식사를 마친 평가단은 식당을 별의 개수로 평가합니다. 별 1개는 음식이 훌륭한 식당, 별 2개는 음식이 훌륭하여 멀리 찾아갈 만한 식당, 별 3개는 음식이 매우 훌륭하여 맛을 보기 위해 여행을 떠날 가치가 있는 식당을 말합니다.

　긴 시간 동안 『미슐랭 가이드』의 역사와 영향력이 인정받으면서 미슐랭은 **미식**의 기준이 되었습니다. 미슐랭으로부터 별을 받은 식당의 요리사는 영광을 누리지만, 매해 새로 평가받기 때문에 언제 별을 뺏길지 모른다는 압박도 받습니다. 이러한 부담감으로 인해 별을 거부하는 요리사들도 등장했습니다. 또 프랑스의 한 요리사가 명확한 **심사** 방법을 공개하라며 미슐랭을 모욕 죄로 고소하는 사태가 일어나기도 했습니다. 이러한 논란 속에서도 미슐랭은 100년이 넘도록 미식의 기준을 제시하며 정통과 위상을 유지하고 있습니다.

구조 **9** 각 문단의 중심 내용을 정리하며 빈칸에 알맞은 말을 찾아 써 보세요.

1문단	[ ] 형제가 『미슐랭 가이드』를 만든 배경과 까닭
2문단	책에 실을 식당을 별의 [ ]로 평가하는 비밀 평가단
3문단	[ ] 속에서도 정통과 위상을 유지하는 미슐랭

주제 **10** 이 글을 쓴 목적으로 가장 알맞은 것을 골라 보세요. (   )

① 미식의 중요성을 주장하기 위해
② 비밀 평가단을 모집하는 방법을 알려 주기 위해
③ 프랑스 여행 중에 보고, 듣고, 느낀 것을 기록하기 위해
④ 타이어 회사인 미슐랭이 위기를 극복한 방법을 설명하기 위해
⑤ 『미슐랭 가이드』가 탄생하게 된 배경과 식당 선정 방법을 설명하기 위해

이해 **11** 이 글의 내용과 일치하지 <u>않는</u> 것을 골라 보세요. (   )

① 비밀 평가단은 신분을 철저하게 숨기고 식당을 방문한다.
② 한 번 정해진 별의 개수는 식당이 없어질 때까지 그대로 유지된다.
③ 앙드레 미슐랭은 자신이 만든 안내책이 작업 받침대로 쓰이는 것을 목격했다.
④ 미슐랭 형제는 타이어 판매량을 늘리려고 자동차 여행을 위한 안내책을 만들었다.
⑤ 별 3개를 받은 식당은 음식이 매우 훌륭하여 방문하기 위해 여행을 떠날 가치가 있는
　 식당을 말한다.

✏️ 서술형
추론 **12** '비밀 평가단'이 다양한 국적, 인종, 나이로 구성된 까닭을 짐작하여 써 보세요.

정답과 해설 45쪽

[1~5]　다음 뜻풀이에 알맞은 어휘를 찾아 선으로 이어 보세요.

1.　언행이나 태도가 의젓하고 신중하다.　●　　　　●　합당하다

2.　어떤 기준, 조건, 용도 따위에 꼭 알맞다.　●　　　　●　점잖다

3.　정치, 사상, 의식 따위가 타락함.　●　　　　●　부패

4.　어떤 생각을 해 냄.　●　　　　●　민중

5.　국가나 사회를 구성하는 일반 국민.　●　　　　●　발상

[6~10]　다음 뜻풀이에 알맞은 어휘를 <보기>에서 골라 괄호 안에 써 보세요.

<보기>	대상	비판	끼치다	선율	심사

6.　어떤 일의 상대 또는 목표나 목적이 되는 것.　(　　　　)

7.　자세하게 조사하여 등급과 당락 따위를 결정함.　(　　　　)

8.　기운이나 냄새, 생각, 느낌 따위가 덮치듯이 확 밀려들다.　(　　　　)

9.　소리의 높낮이가 길이나 리듬과 어울려 나타나는 음의 흐름.　(　　　　)

10.　현상의 옳고 그름을 판단하여 밝히거나, 잘못된 점을 지적함.　(　　　　)

[11~12]　빈칸 안에 들어갈 알맞은 어휘에 ○ 표를 해 보세요.

11.　언니는 피곤한 | 기색 | 기대 | 없이 집안일을 했다.

12.　그는 시인으로서 널리 이름을 | 떨렸다 | 떨쳤다 |.

[13~17] 괄호 안에 들어갈 알맞은 어휘를 <보기>에서 골라 써 보세요.

<보기>   자아내다   모방   맞서다   음색   수작

13. 외국 문화를 비판 없이 (   )하는 것은 바람직하지 않다.

14. 그의 목소리는 독특한 (   )을 지녔다.

15. 슬픈 이야기가 나의 눈물을 (냈다).

16. 두 사람은 서로 의견을 양보하지 않고 (섰다).

17. 그는 속이 빤히 보이는 (   )에 넘어가지 않았다.

[18~20] 괄호 안에 들어갈 알맞은 어휘를 <보기>에서 골라 써 보세요.

<보기>   묘사   미식   명수   조롱   오감

음식에 대한 지식이 많은 (18.   )가들은 (19.   )을 모두 활용하

여 음식의 맛을 풍부하게 느낍니다. 그들은 음식의 맛을 (20.   )할 때도 음식의 재

료와 연관을 지어 구체적이고 풍부한 표현을 사용합니다.

[21~23] 주어진 어휘를 활용하여 문장을 만들어 보세요.

21. 대견하다 → _____

22. 들르다 → _____

23. 결합 → _____

인물의 마음 제시 방법

개념적용 1. <보기>를 읽고, 아랫글에서 인물의 마음이나 성격을 직접적으로 제시한 문장에 밑줄을 그어 보세요.

<보기>　소설에서 인물의 마음과 성격은 직접적으로 설명되기도 하지만, 인물의 행동이나 표정, 대화 등을 통해 간접적으로 보여지기도 합니다.

직접적 제시	간접적 제시
욕심이 많은 놀부는 흥부가 부자가 된 것을 보고 심술이 났다.	놀부는 흥부의 집을 나오며 얼굴이 붉으락푸르락 달아올랐다.

　하정이는 항상 반에서 제일 먼저 등교했다. 교실에 오면 창문을 열어 상쾌한 아침 공기가 교실에 가득 차게 했고, 창가에 있는 화분에 물을 주기도 했다. 할 일을 마친 하정이는 혼자 조용히 책상에 앉아 창밖을 바라보곤 했다. 나는 부지런하고 조용한 하정이를 볼 때면 설레었다.

맞춤법 2. 아래 표를 보고 주어진 문장의 맞춤법이 맞으면 ○, 틀리면 × 표를 해 보세요.

들르다	들리다
■ 지나가는 길에 잠깐 들어가 머무르다. (예) 휴게소에 **들르다**.	■ 귀를 통해 소리가 알아차려지다. (예) 어디선가 음악 소리가 **들린다**. ■ 손에 가지게 되다. (예) 양손에 보따리가 **들리다**. ■ 위로 올려지다. (예) 몸이 번쩍 **들리다**.

(1) 하굣길에 친구 집에 **들리다**. 　　　　　　　　(　　)

(2) 창문 밖으로 천둥소리가 **들리다**. 　　　　　　　(　　)

(3) 친구를 만나러 가다가 잠깐 편의점에 **들르다**. 　　(　　)

  관용어란 둘 이상의 낱말이 합쳐져 원래 뜻과는 다른 새로운 뜻으로 굳어져서 쓰이는 표현을 말합니다. 관용어를 활용하면 전하고 싶은 말을 더 쉽고 재미있게 표현할 수 있습니다. 우리 몸의 여러 부위에 관한 관용어에는 어떤 것이 있을까요?

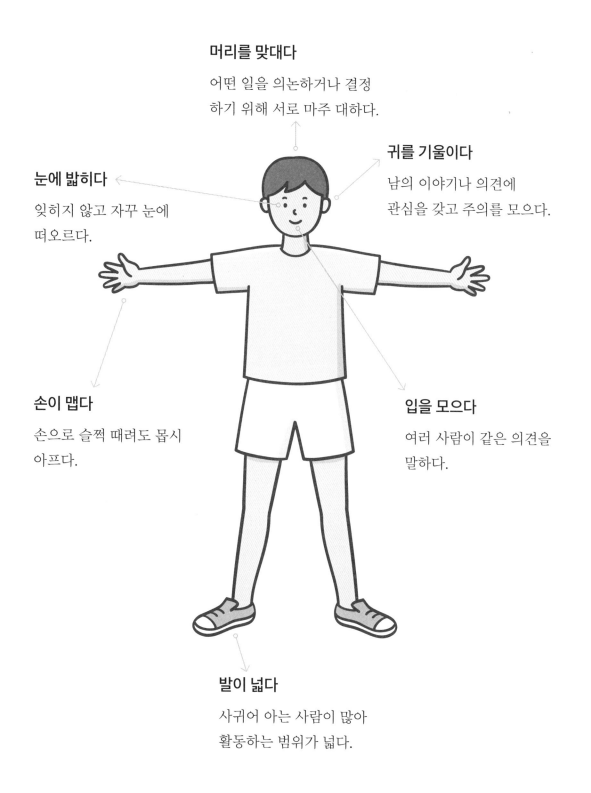

머리를 맞대다

어떤 일을 의논하거나 결정하기 위해 서로 마주 대하다.

귀를 기울이다

남의 이야기나 의견에 관심을 갖고 주의를 모으다.

눈에 밟히다

잊히지 않고 자꾸 눈에 떠오르다.

손이 맵다

손으로 슬쩍 때려도 몹시 아프다.

입을 모으다

여러 사람이 같은 의견을 말하다.

발이 넓다

사귀어 아는 사람이 많아 활동하는 범위가 넓다.

자료 출처

나무위키
본책 129쪽(몬드리안, 「빨강, 파랑, 노랑의 구성」

셔터스톡
본책 99쪽(화성)
본책 105쪽(김치)
정답과 해설 29쪽(퍼서비어런스)

위키피디아
본책 39쪽(강화도 풍경, 전등사, 부근리 고인돌)
정답과 해설 33쪽(스키테일 암호)
정답과 해설 38쪽(마르셀 뒤샹, 「샘」)

e뮤지엄
본책 141쪽(도련님탈)
본 저작물은 공공누리 제 1유형으로 개방한 봉산탈[도련님]을 이용하였으며,
해당 저작물은 e뮤지엄(www.emuseum.go.kr)에서 무료로 다운 받을 수 있습니다.

어휘로 시작하는 초등 공부력 향상 프로그램

초등국어
어휘력이
독해력이다

〈초등 5~6학년〉
추천 과정

정답과 해설

5단계 A

교육 R&D에 앞서가는

키출판사

초등 국어 어휘력이 독해력이다

5 단계 A

정답과 해설

교육 R&D에 앞서가는

Key 키출판사

본문 10쪽

1 (위에서부터)

시절, 익어서, 고장, 고달파, 곱게

2 시간

3 (위에서부터)

$=$, $\leftrightarrow$, $=$

4 (1) ㉠ (2) ㉢ (3) ㉡

짧은 글로 만나기

5 ☑ 이육사는 자신의 시에 독립을 향한 의지를 드러내지 않으려고 했다.

6 ☑ 조국의 독립을 노래한 시인 이육사

7 ☑ 우리 **회사**에서는 농산물을 가공해 여러 식품을 생산하고 있다.

8 ☑ 「청포도」에서 시어 '청포도'는 시인의 소망인 독립을 의미한다.

긴 글로 만나기

9 여름

10 ⑤

11 (1) 바다 (2) **돛단배**

12 민서

2 주어진 '時(때 시)'가 쓰인 어휘는 시간이며, 무시에는 '視(볼 시)', 시인에는 '詩(시 시)'가 쓰입니다.

어휘 풀이

☐ **무시** (없을 無, 볼 視): 사람이나 사물의 가치나 의의를 알아주지 않음.

☐ **시간** (때 時, 사이 間): 어떤 시각에서 어떤 시각까지의 사이, 또는 어느 한 시점.

☐ **시인** (시 詩, 사람 人): 시를 전문적으로 짓는 사람.

☐ **시계** (때 時, 셀 計): 시간을 재거나 시각을 나타내는 장치.

3 어휘 풀이

☐ **힘겹다** : 힘에 부쳐 당해 내기 어렵다.

☐ **밉다** : 모양, 생김새, 행동거지 따위가 마음에 들지 않거나 눈에 거슬리는 느낌이 있다.

☐ **마을** : 주로 시골에서, 여러 집이 모여 사는 곳.

4 (1) 벼의 열매가 여물어 노랗게 변했다는 뜻이므로 '익다'가 ㉠의 뜻으로 쓰였습니다. (2) 이미 여러 번 보아 낯익은 사람을 발견했다는 뜻이므로 '익다'가 ㉢의 뜻으로 쓰였습니다. (3) 고등어가 먹음직스럽게 구워졌다는 뜻이므로 '익다'가 ㉡의 뜻으로 쓰였습니다.

5 이육사의 시에는 일제 강점기의 현실에 맞서려는 의지와 독립을 향한 소망이 잘 드러나 있습니다.

오답 풀이

✖ 2문단에서 이육사는 독립을 보지 못하고 생을 마감했다고 말하고 있습니다.

✖ 1문단에서 '이육사'는 그가 조선은행 폭탄 사건으로 감옥에 갇혔을 때, 죄수 번호인 264번을 따서 지은 이름이라고 설명하고 있습니다.

6 이 글은 일제 강점기의 시인이자 독립운동가로 활동한 이육사에 대해 설명한 글입니다.

오답 풀이

✖ 이육사가 의열단에서 활동했다고 언급하고 있지만, 이들의 활동과 업적은 나타나 있지 않습니다.

✖ 이 글에서는 이육사만을 다루고 있으므로 '독립운동에 참여한 일제 강점기의 시인들'은 제목으로 알맞지 않습니다.

7 '고장, 마을, 지방'은 모두 사람이 모여 사는 지역을 뜻하는 유의어입니다. 반면 '회사'는 둘 이상의 사람이 이익을 목적으로 만든 단체를 말합니다.

> [어휘 풀이]
>
> □ **회사** : 상업 또는 그 밖의 재산상의 이익을 위하여 두 사람 이상이 설립하고 조직한 단체.
>
> □ **지방** : 어느 방면의 땅, 또는 서울 이외의 지역.

8 이육사의 시 「청포도」에서 시인의 소망인 독립을 의미하는 시어는 '청포도'가 아닌 '손님'입니다.

> [오답 풀이]
>
> ✖ 「청포도」에서는 말하는 이가 애타게 기다리는 대상을 '손님'이라는 시어로 나타내고 있습니다.
>
> ✖ 이육사가 '손님'이라는 시어에 독립에 대한 소망을 담아 표현한 것처럼, 시인은 함축적인 시어를 통해 자신이 말하려는 바를 표현합니다.

> **[더 알아보기] 문학 필수 개념 -시**
>
> ▪ **시** : 느낌과 생각을 함축적이고 운율이 있는 언어로 표현한 간결한 글.
> ▪ **화자** : 시 속에서 말하는 사람.
> ▪ **운율** : 시를 읽을 때 느껴지는 리듬감.
> ▪ **시어** : 시에 쓰인 모든 말.
> ▪ **심상** : 시를 읽으면서 머릿속에 떠오르는 모습이나 느껴지는 감각으로, 이미지라고도 함.
> ▪ **상징** : 표현하려는 대상을 숨기고 다른 사물로 대신 표현하는 방법.

긴 글로 만나기

9 이 시는 청포도가 익어 가는 칠월, 즉 여름을 배경으로 쓴 시입니다. 여름 옷감으로 많이 쓰이는 '모시'라는 시어를 통해서도 이 시의 계절적 배경이 여름이라는 것을 알 수 있습니다.

10 이 시에서 말하는 이는 손님이 언젠가 찾아올 것이라고 굳게 믿고, 손님을 위해 '은쟁반'과 '모시 수건'을 미리 준비합니다. 따라서 두 시어는 손님이 오지 못한다는 것을 뜻하는 말이 아니라, 손님을 위한 정성스러운 마음을 드러내는 시어입니다.

> [오답 풀이]
>
> ✖ '내가 바라는 손님', '그를 맞아 ~ 함뿍 적셔도 좋으련'이란 표현을 통해 말하는 이가 '손님'을 기다리고

있다는 것을 알 수 있습니다.

✖ '청포도'와 '칠월'은 이 시의 계절적 배경이 여름이라는 것을 짐작하게 하는 시어입니다.

✖ 이 시는 의인법을 사용해서 '하늘'이 꿈꾸고 '푸른 바다'가 가슴을 연다고 표현하고 있습니다.

✖ 시인은 '알알이', '주저리주저리'와 같이 모양을 흉내 내는 말을 사용해서 청포도의 모습을 생동감 있게 표현하고 있습니다.

11 「청포도」에서는 푸른색을 띠는 시어인 '청포도, 하늘, 푸른 바다, 청포'와 흰색을 띠는 시어인 '흰 돛단배, 은쟁반, 하이얀 모시 수건'이 대비를 이루어 밝고 희망찬 미래에 대한 소망을 선명하게 그려내고 있습니다.

12 민서는 사촌을 맞이할 준비를 했던 경험을 떠올리며, 손님을 위해 은쟁반과 모시 수건을 정성껏 준비하는 시인의 마음에 공감하고 있습니다.

> [오답 풀이]
>
> ✖ 신우는 자신의 경험이 아니라 시인과 시인이 살았던 시대와 관련지어 시를 이해했습니다.
>
> ✖ 은의는 시인의 삶과 관련지어 시를 감상했습니다.

> **[더 알아보기] 시를 감상하는 방법**
>
> 시를 감상할 때는 시의 형식이나 표현 등 작품 안의 내용만을 분석할 수도 있지만, 작품 밖에 있는 시인, 시대, 그리고 독자를 고려하여 감상할 수도 있습니다.
>
> **작품**
> 작품의 주제나 표현법 등을 분석하는 방법
>
> **작가** ↑ **현실**
> 시인의 생각과 경험을 고려하여 감상하는 방법 ← **시** → 작품이 쓰인 시대를 고려하여 감상하는 방법
> ↓
>
> **독자**
> 독자의 느낌과 교훈을 위주로 감상하는 방법

본문 16쪽

어휘로 만나기

1 (위에서부터)

뉘우치고, 가리기, 질책, 진위, 기이한

2 진심

3 (위에서부터)

=, ↔, ↔

4 (1) ㉠ (2) ㉢ (3) ㉡

짧은 글로 만나기

5 질책

6 (위에서부터)

○, X, ○

7 이상하게

8 ☑ 책을 읽고 난 후 느낀 점은 최대한 간략하게
쓴다.

긴 글로 만나기

9 (위에서부터)

옹고집전, 심술, 벌, 후회

10 ☑ 나를 돌아보게 한 옹고집

11 ④

12 (가)

2 주어진 '眞(참 진)'이 쓰인 어휘는 진심이며, 진동에
는 '振(진동할 진)', 진학에는 '進(나아갈 진)'이 쓰입
니다.

> 어휘 풀이

- **진동** (진동할 振, 움직일 動): 흔들려 움직임.
- **진심** (참 眞, 마음 心): 거짓이 없는 참된 마음.
- **진학** (나아갈 進, 배울 學): 상급 학교에 감.
- **진실** (참 眞, 내용 實): 거짓이 없는 사실.

3 어휘 풀이

- **반성하다**: 자신의 언행에 대해 잘못이나 부족함이
없는지 돌이켜 보다.
- **평범하다**: 뛰어나거나 색다른 점이 없이 보통이다.
- **칭찬**: 좋은 점이나 훌륭한 일을 높이 평가함.

4 (1) 밖에서 안을 보지 못하도록 커튼으로 창문을 막
는다는 뜻이므로 '가리다'가 ㉠의 뜻으로 쓰였습니
다. (2) 옳고 그름을 구별한다는 뜻이므로 '가리다'
가 ㉢의 뜻으로 쓰였습니다. (3) 낯을 가려 익숙하지
않은 사람을 대하기 싫어한다는 뜻이므로 '가리다'
가 ㉡의 뜻으로 쓰였습니다.

5 도사가 심술궂은 옹고집을 혼내려고 스님을 보낸
것이므로 꾸짖어 나무란다는 뜻의 '질책'이 가장 알
맞습니다.

> 어휘 풀이

- **존경**: 남의 인격, 사상, 행위 따위를 받들어 공경함.
- **질문**: 알고자 하는 바를 얻기 위해 물음.
- **응원**: 곁에서 성원함. 또는 호응하여 도와줌.
- **축복**: 행복을 빎. 또는 그 행복.

6 도사는 도술을 부려 가짜 옹고집 한 명을 만들었습
니다.

7 ㉠은 모두가 가짜를 진짜라고 믿는 모습이 기묘하
고 이상하게 느껴졌다는 뜻이므로 '이상하게'로 바
꾸어 쓸 수 있습니다.

> 어휘 풀이

- **대범하다**: 성격이나 태도가 사소한 것에 얽매이지
않으며 너그럽다.
- **대단하다**: 출중하게 뛰어나다.
- **친근하다**: 사귀어 지내는 사이가 아주 가깝다.

□ **답답하다** : 애가 타고 갑갑하다.

8 이 글은 선생님과 학생의 대화를 통해 독서 감상문을 쓰는 방법을 알려 주고 있습니다. 책을 읽고 난 후 느낀 점을 간략하게 쓰라는 내용은 이 글에서 확인할 수 없습니다.

[더 알아보기] **책에서 감동받은 부분 찾기**

독서 감상문을 쓸 때는 책을 읽고 감동받은 부분에 대한 생각이나 느낌이 잘 드러나게 쓰는 것이 좋습니다. 책에서 감동받은 부분을 찾는 방법은 다음과 같습니다.

- 일어난 일, 인물의 행동, 인물의 마음 등에서 인상 깊게 느낀 부분을 떠올려 봅니다.
- 책의 내용에서 질문이나 생각이 생기는 부분을 찾아봅니다.
- 기쁨, 슬픔, 화남, 즐거움 등과 같은 감정을 느낀 부분을 찾아봅니다.
- 자신의 경험을 떠올리며 공감할 수 있는 부분을 찾아봅니다.

긴 글로 만나기

9 이 글은 『옹고집전』을 읽고 쓴 독서 감상문으로, 책을 읽은 동기, 책의 내용, 느낀 점으로 이루어져 있습니다. 1문단에서 글쓴이는 책을 읽은 동기를 밝히며 책의 내용을 요약하고 있습니다. 2~6문단에는 책의 자세한 내용과 글쓴이의 느낀 점이 드러나 있습니다.

10 부제목은 글의 제목에 덧붙어 그것을 보충하는 제목을 말합니다. 글쓴이는 『옹고집전』을 읽고 자신을 돌아보게 되었으므로 '나를 돌아보게 한 옹고집'이라는 부제목이 가장 적절합니다.

11 도사는 잘못을 후회하는 진짜 옹고집 앞에 다시 나타나서 가짜 옹고집을 허수아비로 만들었으며, 진짜 옹고집은 그 후 새사람이 되어 착하게 살았습니다.

12 (가) 문단에는 글쓴이에게 하기 싫은 일이 쌓여 있을 때 자신과 닮은 누군가가 나타나서 대신해 주면 좋겠다는 생각을 한 경험과, 주변 사람들이 다른 사람을 자신이라고 믿으면 슬플 것 같다는 글쓴이의 느낀 점이 모두 나타나 있습니다. (나)와 (다) 문단에는 줄거리와 느낀 점이 드러나 있지만 글쓴이의 경험은 드러나 있지 않습니다.

[더 알아보기] 『**옹고집전**』과 비슷한 이야기들

『옹고집전』은 입에서 입으로 전해져 내려온 이야기인 설화를 바탕으로 쓰인 소설입니다. 『옹고집전』의 바탕이 된 설화는 '장자못 설화'입니다. 장자못 설화는 심술 궂고 욕심 많은 부자가 도사에게 벌을 받는다는 점에서 『옹고집전』과 비슷합니다.

또 쥐가 주인과 똑같이 생긴 사람으로 변하여 주인을 몰아내는 '쥐 둔갑 설화'와도 비슷합니다. 가짜가 진짜를 몰아내는 부분이 있다는 점에서도 두 이야기의 닮은 점을 찾을 수 있습니다.

『옹고집전』과 닮은 고전 소설도 있습니다. 옹고집과 '흥부전'의 놀부는 욕심이 많고 인색하여 벌을 받는다는 점이 비슷합니다.

03

무분별한 SNS 사용을 자제하자

본문 22쪽

어휘로 만나기

1 (위에서부터)

익명성, 잦아졌다, 타인, 무분별, 악용

2 ☑ 질문에 대한 **명확한** 답변을 듣지 못했다.

3 (위에서부터)

=, =, ↔

4 (1) ⓛ (2) ⑦

짧은 글로 만나기

5 익명성

6 ☑ 사이버 공간은 긍정적인 면과 부정적인 면이
모두 있다.

7 ☑ 남을 탓하기 전에 **타인**부터 돌아보아야 한다.

8 ☑ 타인의 말에 흔들리지 않고, 자신이 원하는 것
을 분명하게 아는 사람

긴 글로 만나기

9 (위에서부터)

타인, 기준, 익명성, 사이버, 중독, 시간

10 ⑤

11 ①, ④

12 ☑ 정연 : 나는 친구들과 만나서 축구와 농구를
하는 것이 취미야. SNS는 주로 저녁을 먹고
20분 정도 하는 편이야.

어휘로 만나기

2 주어진 '名(이름 명)'이 쓰인 어휘는 '익명성', '유명
하다', '별명'입니다. '명확하다'에는 '明(밝을 명)'이
쓰입니다.

어휘 풀이

☐ **별명** (다를 別, 이름 名) : 사람의 외모나 성격 따위의
특징을 바탕으로 남들이 지어 부르는 이름.

☐ **유명하다** (있을 有, 이름 名) : 이름이 널리 알려져 있다.

☐ **명확하다** (밝을 明, 확실할 確) : 명백하고 확실하다.

3 어휘 풀이

☐ **남** : 자기 이외의 다른 사람.

☐ **무비판적** : 옳고 그름을 판단하지 않고 무조건 받아
들이는 것.

☐ **활용** : 충분히 잘 이용함.

4 (1) 지각하는 일이 자주 있었다는 뜻이므로 '잦아지
다'가 ⓛ의 뜻으로 쓰였습니다. (2) 소방대원이 신속
한 작업을 통해 거센 불길이 가라앉았다는 뜻이므
로 '잦아지다'가 ⑦의 뜻으로 쓰였습니다.

짧은 글로 만나기

5 자신의 이름과 정체를 숨길 수 있게 하는 특징이 들
어가야 하므로 '어떠한 행위를 한 사람이 누구인지
드러나지 않는 특성'을 뜻하는 '익명성'이 가장 알맞
습니다.

어휘 풀이

☐ **대중성** : 대중이 친숙하게 느끼고 즐기며 좋아할 수
있는 성질.

☐ **중요성** : 사물의 중요한 요소나 성질.

☐ **다양성** : 모양, 빛깔, 형태, 양식 따위가 여러 가지로
많은 특성.

☐ **융통성** : 그때그때의 사정과 형편을 보아 일을 적절
하게 처리하는 재주.

6 이 글은 인터넷의 장점과 단점을 설명하는 글입니
다. 인터넷의 장점으로는 언제 어디서든 누구와도
소통할 수 있다는 것, 누구나 정보를 생산하고 활용
할 수 있다는 것, 자유롭게 의견을 제시할 수 있다는
것을 들고 있습니다. 인터넷의 단점으로는 악성 댓
글과 같은 사이버 폭력과 온라인 중독을 들고 있습
니다.

7 '남을 탓하기 전에 자신부터 돌아보아야 한다'로 고쳐 써야 맞는 표현입니다.

8 이 글에서는 자아 존중감이 높으면 남의 말에 흔들리지 않으며, 자아 존중감을 높이려면 자신이 좋아하고 원하는 것을 분명히 알아야 한다고 말하고 있습니다. 타인의 평가에 상처받거나, 다른 사람과 자신을 비교하는 사람은 자아 존중감이 높은 사람이라고 볼 수 없습니다.

긴 글로 만나기

9 글쓴이는 자신의 주장을 뒷받침하기 위한 세 가지 근거를 제시하고 있습니다. 근거 1은 2문단, 근거 2는 3문단, 근거 3은 4문단의 첫 문장에서 확인할 수 있습니다.

10 글쓴이는 SNS에 장점도 있지만 단점도 있어서 무분별하게 사용하면 여러 가지 문제가 생긴다고 주장하며, SNS의 올바른 사용 방법을 제시하고 있습니다. 따라서 'SNS를 무분별하게 사용하지 말고 올바르게 사용하자'가 글쓴이의 주장으로 가장 알맞습니다.

11 근거가 적절한지 판단하기 위해서는 근거가 주장과 관련이 있는지, 근거가 주장을 더욱 설득력 있게 하는지, 그리고 근거에 알맞은 낱말을 썼는지를 확인해야 합니다. 근거의 개수나 재미와 감동은 근거의 적절성을 판단하는 것과 상관이 없습니다.

12 글쓴이는 SNS의 단점을 인지하고 바르게 사용해야 한다고 주장하고 있습니다. 또 시간을 정하여 SNS를 사용하고, 건강한 취미 생활을 함께하며, 친구들과 직접 만나 소통하는 것도 중요하다고 말하고 있습니다. 따라서 친구들을 만나서 축구나 농구를 하고 정해진 시간에만 SNS를 사용하는 정연이가 SNS를 바르게 사용한 친구입니다.

오답 풀이

✖ 글쓴이는 SNS에 장점도 있지만 단점도 있다고 말하고 있으므로, SNS에 장점이 없다는 민우의 생각은 글쓴이의 주장과 다릅니다.

✖ 글쓴이는 SNS의 익명성이 사이버 범죄나 폭력 같은 문제를 일으킬 수 있으므로, 남을 존중하는 태도가 필요하다고 주장하고 있습니다. 따라서 SNS에서 다른 사람을 신경 쓰지 않고 말하는 중기의 태도는 글쓴이의 주장과 다릅니다.

[더 알아보기] 논설문 쓰기

논설문은 글쓴이의 주장과 이를 뒷받침하는 근거로 이루어진 글입니다. 논설문은 서론, 본론, 결론으로 구성됩니다.

서론	문제 상황을 제기하고, 그와 관련된 자료를 제시하기도 합니다.
본론	주장을 뒷받침하는 타당한 근거를 제시합니다. 주장에 대한 근거는 신문이나 인터넷의 자료, 통계 자료, 자신의 경험 등을 바탕으로 제시합니다.
결론	글의 내용을 요약하고 주장을 다시 한번 강조합니다.

04

급식 잔반을 줄이는 방법

본문 28쪽

어휘로 만나기

1 (위에서부터)

편식, 안건, 마련, 따분해서, 반영

2 ☑ 책을 많이 읽으면 **상식**이 풍부해진다.

3 (위에서부터)

준비, 안, 지루하다

4

잔잔한 호수에 햇빛이 **반영**되어 아름답게 반짝였다.	───	빛이 반사하여 비침.
유행어는 당시 사람들의 생활 모습을 **반영**한다.	───	다른 것으로부터 영향을 받아 어떤 현상을 나타냄.

짧은 글로 만나기

5 ☑ 모든 일에는 장점과 단점이 있기 **마련**이다.

6 ☑ 토의 주제를 정한다.

7 관련, 해결 방법

8 ☑ 건물 붕괴 사고를 줄이는 방법

긴 글로 만나기

9 (위에서부터)

포스터, 급식판, 잔반 없는 날, 급식 메뉴

10 ☑ 우리가 버린 음식물 쓰레기는 비료로 활용할 수 있다.

11 ③

12 (예시)

• 의견 : 점심을 먹기 전에는 최대한 군것질을 하지 않기로 약속했으면 좋겠습니다.

• 까닭 : 군것질을 하면 점심을 적게 먹게 되고, 그만큼 잔반을 많이 남기게 될 수 있기 때문입니다.

2 주어진 '食(먹을 식)'이 쓰이지 않은 어휘는 상식이며, 상식에는 '識(알 식)'이 쓰입니다.

어휘 풀이

☐ **급식** (줄 給, 먹을 食) : 식사를 공급함. 또는 그 식사.

☐ **상식** (항상 常, 알 識) : 사람들이 보통 알고 있거나 알아야 하는 지식.

☐ **식당** (먹을 食, 집 堂) : 음식을 만들어 손님들에게 파는 가게.

3 어휘 풀이

☐ **안** : 토의하거나 조사해야 할 사실.

☐ **지루하다** : 시간이 오래 걸리거나 같은 상태가 오래 계속되어 따분하고 싫증이 나다.

☐ **준비** : 미리 마련하여 갖춤.

4 호수에 햇빛이 반사되어 비쳤다는 뜻이므로 '반영'이 위 칸의 뜻으로 쓰였고, 유행어는 당시 사람들의 생활 모습의 영향을 받아 나타난다는 뜻이므로 '반영'이 아래 칸의 뜻으로 쓰였습니다.

5 모든 일에는 장점과 단점이 당연히 있다는 뜻이므로 '마련'이 '당연히 그럴 것임을 나타내는 말'로 쓰였습니다.

오답 풀이

✘ 환경을 보호할 대책을 준비해야 한다는 뜻이므로 '마련'이 ㉠과 같은 뜻으로 쓰였습니다.

✘ 자전거를 갖기 위해 용돈을 모았다는 뜻이므로 '마련'이 ㉠과 같은 뜻으로 쓰였습니다.

6 이 글은 토의의 뜻과 토의를 하는 절차에 대해 설명한 글입니다. 토의를 하기 위해서는 먼저 토의 주제를 정해야 한다고 2문단에서 말하고 있습니다.

7 이 글은 토의 주제를 정할 때 고려해야 할 점에 대해 설명하고 있습니다. 토의 주제를 정할 때는 토의에 참여하는 모두와 관련이 있는 주제인지, 해결 방법을 찾을 수 있는 문제인지, 또 좋은 방향으로 변화를 이끌어 낼 수 있는 주제인지 살펴봐야 합니다.

8 학급 토의 주제로 학생들이 해결할 수 없는 문제를 다루면 학생들의 참여가 활발하게 이루어지기 어렵

습니다. '건물 붕괴 사고를 줄이는 방법'은 학생들이 해결할 수 있는 문제가 아니므로 학급 토의 주제로 알맞지 않습니다.

긴글로 만나기

9 이 글은 '급식 잔반을 줄이는 방법'이라는 학급 토의 주제에 대한 학생들의 의견을 정리한 글입니다. 다희는 급식 잔반을 줄여 환경을 살리자는 내용의 포스터를 만들어 급식실 입구와 벽면에 붙이자는 의견, 원경이는 급식판을 다 비우는 학생에게 스티커를 줘서 가장 많이 모은 학생에게 맛있는 간식을 주자는 의견, 신혜는 요일을 정해서 '잔반 없는 날' 행사를 진행해 조그만 선물을 주자는 의견, 시연이는 급식 메뉴를 학생들이 좋아하는 반찬으로 구성하자는 의견을 제시하고 있습니다.

10 ㉠은 급식 잔반을 줄여 환경을 살리자는 내용을 말합니다. 따라서 음식물 쓰레기가 환경에 끼치는 악영향이나 급식 잔반을 줄여야 하는 이유 등이 들어가야 합니다. 음식물 쓰레기를 비료로 활용할 수 있다는 것은 음식물 쓰레기를 처리하는 방법에 관한 설명이므로 급식 잔반이나 음식물 쓰레기가 환경에 끼치는 악영향과는 관련이 없습니다.

11 다희가 제안한 의견은 포스터를 직접 만들어 급식실에 붙이자는 것으로, 학생들이 실천할 수 있는 내용입니다.

오답 풀이

✖ '잔반 없는 날' 행사를 진행하자는 신혜의 의견은 토의 주제에 맞는 내용입니다.

✖ 원경이는 포스터가 따분하다며 다희의 의견을 존중하지 않고 있습니다.

✖ 시연이는 급식 메뉴를 학생들이 좋아하는 반찬으로 구성하자는 의견을 제시했지만, 그에 대한 근거는 제시하고 있지 않습니다.

✖ 급식판을 다 비우는 사람에게 스티커를 줘서 모으게 하자는 원경이의 의견은 주제에 맞는 내용이지만, 그 근거로 자신에게 예쁜 스티커가 많다는 점을 든 것은 주제와 맞지 않습니다.

12 토의에서 자신의 의견을 마련할 때는 토의 주제에 맞는 의견인지, 타당한 근거를 들었는지, 실천할 수 있는 의견인지 생각해야 합니다. 그리고 자신의 의견에 대해 그렇게 생각하는 까닭이나 그 의견이 좋은 까닭을 함께 써 보도록 합니다.

[더 알아보기] **토의와 토론의 차이**

'토의'는 어떤 문제를 두고 서로 생각을 주고받으면서 의견을 나누는 것을 말하고, '토론'은 서로 의견이 다른 문제를 놓고 자기 생각을 말하거나 따지고 의논하는 것을 말합니다.

토의는 어떠한 안건에 대해 협의를 하는 것이 목적이고, 토론은 서로 다른 주장을 가지고 있는 사람들이 자기의 주장을 펼쳐 상대방을 설득하는 것이 목적입니다.

본문 34쪽

어휘로 만나기

1 (위에서부터)

펼쳐졌다, 웅장한, 현존, 창건, 풍경

2 야경

3 (위에서부터)

↔, =, =

4 (1) © (2) © (3) ⑤

짧은 글로 만나기

5 풍경

6 ☑ 감상은 여행하며 보거나 들은 것을 말한다.

7 ☑ 키가 작고 마른 형준이는 또래보다 몸이 **웅장
하다**.

8 청동기, 권력

긴 글로 만나기

9 (위에서부터)

강화도, 전등사, 고인돌

10 ①

11 ©

12 (예시)

여행지에서 보고 들은 것과 느낀 점을 오랫동안
기억할 수 있습니다.

어휘로 만나기

2 주어진 '景(경치 경)'이 쓰인 어휘는 야경이며, 존경
에는 '敬(공경할 경)', 현미경에는 '鏡(거울 경)'이 쓰
입니다.

어휘 풀이

- **야경** (밤 夜, 경치 景): 밤의 경치.
- **존경** (높을 尊, 공경할 敬): 남의 인격, 사상, 행위 따
위를 받들어 공경함.
- **현미경** (나타날 顯, 작을 微, 거울 鏡): 눈으로는 볼 수
없을 만큼 작은 물질을 확대해서 보는 기구.
- **배경** (뒤 背, 경치 景): 뒤쪽의 경치.

3 어휘 풀이

- **작다**: 길이, 넓이, 부피 따위가 비교 대상이나 보통
보다 덜하다.
- **설립**: 기관이나 조직체 따위를 만들어 일으킴.
- **실재**: 실제로 존재함.

4 (1) 화려한 축제가 여러 사람에게 공개된다는 뜻이
므로 '펼쳐지다'가 ©의 뜻으로 쓰였습니다. (2) 접
힌 우산이 펴진다는 뜻이므로 '펼쳐지다'가 ©의 뜻
으로 쓰였습니다. (3) 바다가 넓게 드러난다는 뜻이
므로 '펼쳐지다'가 ⑤의 뜻으로 쓰였습니다.

짧은 글로 만나기

5 자연의 모습을 뜻하는 '풍경'이 가장 알맞습니다.

어휘 풀이

- **구경**: 흥미나 관심을 가지고 봄.
- **공경**: 공손히 받들어 모심.
- **동경**: 어떤 것을 간절히 그리워하여 그것만 생각함.
- **곤경**: 어려운 형편이나 처지.

6 감상은 여행을 하며 든 생각이나 느낌입니다. 여행
하며 보거나 들은 것은 견문입니다.

7 '키가 작고 마른 형준이는 또래보다 몸이 왜소하다'
혹은 '키가 작고 마른 형준이는 또래보다 몸이 작다'
라고 써야 맞는 표현입니다.

8 이 글은 청동기 시대에 계급이 생겼고, 그것을 보여
주는 무덤이 고인돌이라고 설명하고 있습니다. 2문
단에서 고인돌의 크기가 클수록 무덤 주인의 권력
도 크다는 내용을 확인할 수 있습니다.

9 이 글은 글쓴이가 강화도를 여행하고 여정, 견문, 감상을 적은 기행문입니다. 글쓴이의 여정에 따르면 글쓴이는 주말 아침에 강화도로 출발하여 전등사에 도착했고, 식사를 한 후 부근리 고인돌을 보러 갔습니다.

10 4문단에서 아버지가 글쓴이에게 부근리 고인돌의 형태가 탁자식 고인돌이라고 설명한 것을 확인할 수 있습니다.

오답 풀이

✖ 삼랑성은 전등사를 감싸고 있는 성곽입니다. 우리나라 보물로 지정되어 있는 것은 전등사의 대웅보전입니다.

✖ 전등사는 우리나라에 현존하는 절 중에 가장 오래된 절입니다.

✖ 강화도는 갯벌이 발달한 섬이지만, 대교로 연결되어 있어 차로 갈 수 있습니다.

✖ 글쓴이는 해설사에게 전등사에 관한 설명을 들었고, 부근리 고인돌에 대한 설명은 글쓴이의 아버지에게 들었습니다.

11 <보기>에 제시된 내용은 기행문의 요소 중 감상에 해당합니다. '아주 먼 옛날로 돌아가 이야기 속의 주인공들과 같은 시간에 있는 느낌이 들었다'는 글쓴이의 생각과 느낌이므로, ⓒ은 감상에 해당합니다.

오답 풀이

✖ ㉠은 여정에 해당합니다.

✖ ㉡은 견문에 해당합니다.

12 기행문을 쓰면 좋은 점은 다음과 같습니다. 첫째, 여행하면서 보고 들은 것을 나중에 다시 확인할 수 있습니다. 둘째, 여행했을 때의 기분을 잘 간직할 수 있습니다. 셋째, 여행했던 경험을 다시 느낄 수 있습니다. 넷째, 다른 사람에게 여행에 대한 정보를 줄 수 있습니다.

[더 알아보기] **기행문 쓰기**

기행문을 쓸 때는 여정, 견문, 감상이 모두 드러나게 써야 합니다. 또 처음, 중간, 끝으로 짜임을 갖추어 써야 합니다.

처음	여행한 까닭이나 목적을 씀.
가운데	여행지에서 다닌 곳, 보고 들은 것, 느낀 것과 같이 여행하면서 있었던 일이나 생각을 씀.
끝	여행의 전체 감상을 씀.

하지만 기행문에 꼭 일정한 형식이 있는 것은 아닙니다. 자신의 여정, 견문, 감상을 일기, 편지, 감상문, 보고서 등 다양한 형식으로 자유롭게 쓸 수도 있습니다.

본문 40쪽

어휘 복습하기

1 익다

2 마련

3 기이하다

4 웅장하다

5 뉘우치다

6 타인

7 잦아지다

8 따분하다

9 시절

10 풍경

11 질책

12 고달파서

13 펼쳐졌다

14 안건

15 익명성

16 진실

17 창건

18 무분별

19 반영

20 ㉠

21 ㉢

22 ㉡

23 (예시)

그는 법을 교묘하게 악용해 범죄를 저질렀다.

24 (예시)

편식이 심한 지은이는 반찬 투정을 자주 한다.

25 (예시)

상원사에 있는 동종은 우리나라에 현존하는 종 가운데 가장 오래된 것이다.

실력 더하기

1 (1) ㉡   (2) ㉢   (3) ㉠

2 (1) ○   (2) X   (3) X

1 (1) 학교 안에서 스마트폰 사용을 금지하자는 주장에는 스마트폰이 수업에 방해가 된다는 근거가 적절합니다.

(2) 일회용품의 사용을 줄이자는 주장에는 일회용품이 일으키는 문제점에 관한 근거가 적절합니다.

(3) 일상생활에서 맞춤법을 지켜야 한다는 주장에는 맞춤법을 지키지 않을 때 일어나는 문제점을 지적하는 근거가 적절합니다.

2 (1) 수박을 다섯 조각으로 쪼개서 따로따로 되게 한다는 뜻이므로 '수박을 가르다'가 맞습니다.

(2) 두 팀이 승부나 등수를 겨루어 정한다는 뜻이므로 '승부를 가르다'가 맞습니다.

(3) 낯선 사람을 대하기 싫어한다는 뜻이므로 '낯을 가리다'가 맞습니다.

06

태풍으로 인한 피해 잇따라

본문 46쪽

어휘로 만나기

1 (위에서부터)

파손되어, 재해, 걷히고, 저기압, 동반하므로

2 방해

3 (위에서부터)

↔, =, =

4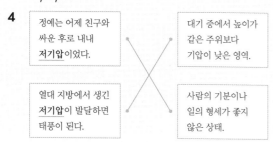

정예는 어제 친구와 싸운 후로 내내 **저기압**이었다.		대기 중에서 높이가 같은 주위보다 기압이 낮은 영역.
열대 지방에서 생긴 **저기압**이 발달하면 태풍이 된다.		사람의 기분이나 일의 형세가 좋지 않은 상태.

짧은 글로 만나기

5 바람

6 ☑ 날씨는 예기치 않게 변화하기 때문에 예측할 수 없다.

7 ☑ 피부에 가려움을 **동반**한 염증이 생겨서 몹시 고생했다.

8 ☑ 여러 개의 태풍이 한 지역을 동시에 지날 수 없다.

긴 글로 만나기

9 (왼쪽부터)

마이삭, 1, 800

10 ☑ 태풍의 이동 경로

11 ☑ 전남, 경북은 전통적인 방법으로 구분된 지역 이다.

12

---

2 주어진 '害(해로울 해)'가 쓰인 어휘는 방해이며, 해결에는 '解(풀 해)', 해안에는 '海(바다 해)'가 쓰입니다.

어휘 풀이

☐ **방해** (방해할 妨, 해로울 害): 남의 일을 간섭하고 막아 해를 끼침.

☐ **해결** (풀 解, 결단할 決): 문제를 해명하거나 얽힌 일을 잘 처리함.

☐ **해안** (바다 海, 언덕 岸): 바다와 육지가 맞닿은 부분.

☐ **피해** (입을 被, 해로울 害): 생명이나 신체, 재산, 명예 따위에 입은 손해.

3 어휘 풀이

☐ **나타나다** : 보이지 않던 대상의 모습이 드러나다.

☐ **함께하다** : 경험이나 생활을 얼마간 더불어 하다.

☐ **망가지다** : 부서지거나 찌그러져 못 쓰게 되다.

4 정예가 친구와 싸워서 기분이 좋지 않았다는 뜻이므로 '저기압'이 아래 칸의 뜻으로 쓰였고, 기압이 낮은 영역의 영향력이 커져서 태풍이 된다는 뜻이므로 '저기압'이 위 칸의 뜻으로 쓰였습니다.

짧은 글로 만나기

5 바람은 공기가 움직이는 현상으로, 예기치 않게 발생하여 피해를 주는 자연재해에는 포함되지 않습니다. 지진을 비롯한 산사태, 황사, 태풍 등은 자연재해의 예로 이 글에 제시되어 있습니다.

6 예기치 않게 변화하여 예측하기 어려운 것은 자연재해이며, 날씨는 기온이나 바람 등을 통해 예측할 수 있습니다.

오답 풀이

✖ 2문단에서 자연재해는 피할 수 없는 자연 현상으로 인해 일어나는 피해이며, 인간의 힘으로 막을 수 없다고 말하고 있습니다.

✖ 1문단을 보면, 이탈리아의 기상 예보 전문가들이 지진에 대한 예보를 정확히 하지 않아 징역 6년을 선고받았다는 것을 알 수 있습니다.

7 피부에 염증과 가려움이 함께 생겼다는 뜻이므로 '동반'이 알맞게 쓰였습니다.

✖ 두 팀의 점수가 같았다는 뜻이므로 '동일'했다는 표현이 어울립니다. '동일'은 '어떤 것과 비교하여 똑같음'이라는 뜻입니다.

✖ 나와 신웅이의 의견이 같다는 뜻이므로 '동의'한다는 표현이 알맞습니다. '동의'는 '의사나 의견을 같이함'이라는 뜻입니다.

8 2문단에서 여러 태풍이 한 지역을 동시에 지나기도 한다고 말하고 있습니다.

✖ 1문단에서 태풍은 열대 저기압이며, 열대 지방의 공기의 특성으로 인해 발생한다고 설명하고 있습니다.

✖ 2문단에서 태풍은 태풍 위원회에 속한 14개 나라가 각각 10개씩 낸 이름을 모아 순서대로 쓴다고 말하고 있습니다. 따라서 총 140개의 태풍 이름을 차례대로 사용하고 있다는 것을 알 수 있습니다.

[배경지식 넓히기] 태풍의 이름

태풍의 이름은 1953년에 호주에서 처음으로 사용되었습니다. 태풍 위원회에 속한 14개 국가에서 제출한 이름을 사용하기 시작한 것은 2000년부터입니다. 한국이 제출한 이름으로는 개미, 제비, 너구리, 메기, 장미 등이 있습니다.

140개의 이름 중에서 유달리 큰 피해를 입힌 태풍의 이름은 목록에서 제외하고 다른 이름으로 바꿔 넣습니다. 예를 들어 '루사'와 '나비'는 각각 우리나라와 일본에 막대한 피해를 주었기 때문에 '누리'와 '독수리'로 변경되었습니다.

긴 글로 만나기

9 이 글은 태풍 '마이삭'으로 인한 피해와 앞으로의 상황에 대해 보도하는 뉴스 원고입니다. 새벽 2시 20분경에 부산에 상륙한 마이삭으로 인해, 보도 시각까지 1명이 사망하고 3명이 부상당하는 등 인명 피해가 발생했습니다. 또 주택 파손과 침수, 정전, 도로 마비 등 시설 피해에 대한 신고도 800건 넘게 접수되었다고 보도하고 있습니다.

10 기상청의 안내를 통해 태풍의 이동 경로를 알 수 있습니다. 안내에 따르면, 태풍은 동해안을 따라 북쪽으로 올라가면서 우리나라를 벗어날 예정입니다.

✖ 앵커가 산사태 위험이 있는 지역 주민들에게 피해에 대비할 것을 당부하고 있지만, 위험 지역이 어디인지는 말하고 있지 않습니다.

✖ 기자가 시설물의 피해 상황에 대해 자세히 보도하고 있지만, 이를 복구할 대책에 대해서는 언급하고 있지 않습니다.

11 전남, 경북은 전라남도와 경상북도를 줄여서 부르는 말입니다. <보기>에 따르면, 이들은 행정 구역에 의해서 구분된 지역입니다.

✖ 호서와 영동은 자연환경에 의한 전통적인 기준으로 나뉜 지역입니다.

✖ 전라남도와 경상북도는 나라를 효율적으로 관리하기 위해 행정 구역을 정해 구분한 지역입니다.

12 이 글에서 기상청은 보도 당일 오후까지 경북과 영동 지역에 최고 250밀리미터 이상의 집중 호우가 쏟아질 것으로 예상된다고 안내하고 있습니다. 따라서 두 지도에서 '경북'과 '영동'에 해당하는 부분을 찾아 백지도에 색칠하면 됩니다. 왼쪽 지도에서 동해안에 길게 자리를 잡은 영동 지역의 위치를 확인할 수 있으며, 오른쪽 지도에서 경북, 즉 경상북도의 위치를 확인할 수 있습니다.

[더 알아보기] 뉴스와 기사문

뉴스는 중요하거나 흥미로운 사건을 때에 맞게 보도하는 방송입니다. 따라서 뉴스는 알릴 만한 가치가 있는 내용을 다뤄야 하고, 보도 내용의 근거와 자료가 정확하고 적절해야 합니다.

이처럼 알릴 가치가 있는 사건을 글로 쓴 것은 기사문이라고 합니다. 기사문은 최대한 빠르고 알기 쉽게 작성해야 합니다. 또 '누가, 언제, 어디서, 무엇을, 어떻게, 왜' 했는지 육하원칙이 반드시 드러나야 합니다. 기사문에는 전달하려는 내용을 한눈에 알 수 있는 '표제'와 전체 내용을 요약하는 '전문'이 포함됩니다.

본문 52쪽

어휘로 만나기

1 (위에서부터)
속출했다, 접근하지, 지형, 길목, 등지고

2 ☑ 버스가 **지연**되는 바람에 학교에 지각하고 말
았다.

3 (위에서부터)
어귀, 잇따르다, 다가가다

4 (1) ㉡ (2) ㉠

짧은 글로 만나기

5 국토

6 ☑ 지형의 뜻과 우리나라 지형의 특징

7 ☑ 민정이는 **길목**이 밝아서 딱 한 번 가 본 길도
잘 기억한다.

8 ☑ 이순신은 왜군의 공격에 대비해 미리 133척
의 함대를 만들어 두었다.

긴 글로 만나기

9 ☑ ㉮는 이순신이 9월 15일 이전까지 머무르던
곳이다.

10 ③

11 ☑ 이순신이 왜군의 배 31척을 쳐부순 것은 9월
16일 아침에 있었던 일이겠구나.

12 윤호

---

2 '지형, 지하, 지리'는 모두 '地(땅 지)'가 쓰인 어휘
로, 땅과 관련된 뜻을 지닙니다. 반면 '지연'에는 늦
다는 뜻의 遲(늦을 지)가 쓰입니다.

어휘 풀이

☐ **지하** (땅 地, 아래 下) : 땅속이나 땅속을 파고 만든 구
조물의 공간.

☐ **지리** (땅 地, 이치 理) : 어떤 곳의 지형이나 길 따위의
형편.

☐ **지연** (늦을 遲, 늘일 延) : 시간이 늦추어짐.

3 어휘 풀이

☐ **다가가다** : 어떤 대상 쪽으로 가까이 가다.

☐ **어귀** : 드나드는 목(통로 가운데 다른 곳으로는 빠져
나갈 수 없는 중요하고 좁은 곳)의 첫머리.

☐ **잇따르다** : 어떤 사건이나 행동이 이어 발생하다.

4 (1) 혁진이가 살던 동네를 떠나 멀리 다른 도시로 이
동했다는 뜻이므로 '등지다'가 ㉡의 뜻으로 쓰였습
니다. (2) 숙소를 뒤로 둔 방향에서 왼쪽 골목으로
들어섰다는 뜻이므로 '등지다'가 ㉠의 뜻으로 쓰였
습니다.

---

5 국토는 한 나라의 통치권이 미치는 땅을 가리키는
말로, 땅의 생김새를 뜻하는 지형에 포함되지 않습
니다. 산지, 평야, 하천, 해안은 모두 1문단에 지형의
예로 제시되어 있습니다.

6 이 글의 1문단은 지형의 뜻에 대한 설명이고, 2문단
은 우리나라 지형의 특징에 대한 설명입니다. 두 내
용을 모두 담고 있는 '지형의 뜻과 우리나라 지형의
특징'이 이 글의 제목으로 가장 알맞습니다.

오답 풀이

✖ 지형이 형성되는 과정은 이 글에 나오지 않습니다.

✖ 우리나라는 동쪽이 높고 서쪽이 낮은 지형이라는
내용은 있지만, 높이가 다르게 나타나는 이유는 제
시되어 있지 않습니다.

7 민정이가 길을 금방 익히고 기억한다는 뜻이므로
'길눈'이 밝다는 표현이 어울립니다. '길눈이 밝다'
는 '한두 번 가 본 길을 잊지 않고 찾아갈 만큼 길을
잘 기억하다'라는 뜻의 관용 표현입니다.

오답 풀이

✖ 첫 번째 문장은 폭설로 인해 차가 자주 다니는 통로가 막혔다는 뜻이고, 세 번째 문장은 범인이 도망칠 때 꼭 지나게 되는 길 어귀를 지켰다는 뜻이므로 '길목'이 통로, 또는 어귀의 의미로 알맞게 쓰였습니다.

8 이순신이 이끈 배는 133척이 아닌 13척입니다. 이순신이 맞서 싸운 왜군 함대의 수가 133척입니다.

오답 풀이

✖ 명량은 전라남도에 있는 물살이 험하고 폭이 좁은 물길입니다. 이순신은 명량의 지형을 이용해 명량 대첩에서 왜군을 크게 이겼으며, 이 전투에 대해 『난중일기』에 직접 기록했습니다.

긴 글로 만나기

9 이순신은 9월 15일 일기에 벽파진에서 우수영 앞바다로 진을 옮겼다고 적고 있습니다. 따라서 ㉮(우수영)는 이순신이 9월 15일부터 머문 장소며, 9월 15일 이전까지 머무르던 곳은 ㉯(벽파진)입니다.

오답 풀이

✖ 9월 16일 일기 끝부분에 이순신은 명량의 빠른 물살 때문에 우왕좌왕하는 왜군의 배 31척을 쳐부쉈다고 말하고 있습니다. 따라서 ㉯(명량) 지역의 빠른 물살은 왜군의 배를 격파하는 데 도움이 되었다고 할 수 있습니다.

✖ 9월 15일 일기에 ㉰(벽파진)는 명량을 등지고 있어서 왜군보다 병사의 수가 적은 아군에게 불리한 지형이라고 적혀 있습니다.

[배경지식 넓히기] **이순신의 『난중일기』**

『난중일기』는 임진왜란 때 이순신 장군이 쓴 일기입니다. 이는 임진왜란 도중 바다에서 벌어진 해전에 대해 알 수 있는 유일한 자료로, 이순신의 전술이나 거북선에 대한 내용 등이 적혀 있습니다.

『난중일기』는 국보 제76호로 지정되어 현충사에 보관되어 있습니다. 『난중일기』는 당시 시대와 전쟁 상황을 자세히 알 수 있어 역사적 가치가 높은 자료일 뿐 아니라, 전투를 지휘하는 장군이 직접 전쟁을 기록한 일은 세계적으로도 드문 일이기 때문에 유네스코 세계 기록 유산에 등재되었습니다.

10 ㉡과 ㉢은 모두 이순신이 한 말입니다. ㉡은 겁을 먹은 병사들을 타이르는 말이고, ㉢은 싸우지 않고 물러서 있는 안위와 김응함을 꾸짖는 말입니다.

오답 풀이

✖ ㉠은 망을 보는 병사가 한 말입니다. 병사는 이순신에게 왜군이 우수영으로 접근하고 있다는 사실을 알리고 있습니다.

✖ ㉣은 항복한 왜군이 한 말입니다. 왜군은 이순신의 배에 타고 있다가 적장, 즉 왜군의 우두머리가 누구인지 알려 주고 있습니다.

11 9월 16일 일기에서 이순신은 명량의 물살을 이용해 왜군의 배 31척을 쳐부쉈다고 말하고 있습니다. 또 <보기>에서 명량 대첩 당일 오후에 명량의 물살이 바뀌면서 왜군이 속수무책으로 배 31척을 잃었다고 말하고 있습니다. 따라서 이순신이 왜군의 배 31척을 쳐부순 것은 9월 16일이 맞지만, 오전이 아닌 오후라는 것을 짐작할 수 있습니다.

오답 풀이

✖ 9월 16일 일기를 보면 왜군의 배가 133척이라고 되어 있고, <보기>를 통해 이순신이 이끈 배는 13척이라는 것을 알 수 있습니다.

✖ 9월 15일 일기에서 이순신은 우수영 앞바다로 진을 옮겼다고 말하고 있습니다. <보기>를 보면 그 이유가 왜군이 명량을 지나쳐 오도록 하기 위한 것임을 알 수 있습니다. 왜군은 함대가 많으므로 명량의 험한 물살에 서로 뒤엉키기 쉽고, 이들이 도망칠 때 그 길목을 막을 수도 있기 때문입니다.

12 이순신은 명량과 벽파진, 그리고 우수영의 지형을 살펴서 아군에게 유리한 곳에 진을 치고 싸웠습니다. 또 왜군의 공격이나 물살의 방향을 보며 적절한 전략을 사용해 전투를 승리로 이끌었습니다.

오답 풀이

✖ 이순신이 "살려는 마음을 갖지 말고 싸워라."라고 말한 것은 병사들의 목숨을 가벼이 여겨서가 아니라 전투에 이겨 나라를 구하고 모두가 살게 하기 위함이었습니다.

✖ 이순신이 적장과 협상하는 장면은 이 글에 등장하지 않습니다. 이순신은 불리한 상황에서도 지형을 이용하고 병사들을 타이르며 끝까지 싸워 전투를 유리한 상황으로 이끌었습니다.

08

꿀벌 마을버스 운행 안내

본문 58쪽

어휘로 만나기

1 (위에서부터)

살펴보았다, 노선, 운행하고, 편입, 폐지되는

2 ☑ 수업 시간에 **노인**을 공경해야 한다고 배웠다.

3 (위에서부터)

들여다보다, 없어지다, 다니다

4 (1) ㉠ (2) ㉡

짧은 글로 만나기

5 자연적, 사회, 경제적

6 ☑ 사회·경제적 요인의 영향으로 대도시 지역의 인구 밀도가 높아졌다.

7 편입

8 ☑ 환승 할인 제도는 신도시 주민들에게 교통비를 할인해 주는 것을 말한다.

긴 글로 만나기

9 ☑ 마을버스 노선 변경

10 ③

11 ③

12 마을버스의 이용 주민이 줄어들었기

어휘로 만나기

2 주어진 '路(길 로)'가 쓰이지 않은 어휘는 노인이며, 노인에는 '老(늙을 로)'가 쓰입니다.

어휘 풀이

▢ **진로** (나아갈 進, 길 路): 앞으로 나아갈 길.

▢ **노인** (늙을 老, 사람 人): 나이가 들어 늙은 사람.

▢ **도로** (길 道, 길 路): 사람, 차 등이 잘 다닐 수 있도록 만들어 놓은 비교적 넓은 길.

3 어휘 풀이

▢ **다니다**: 어떤 교통수단이 운행하다.

▢ **들여다보다**: 가까이서 자세히 살피다.

▢ **없어지다**: 어떤 일이나 현상 등이 나타나지 않게 되다.

4 (1) 어떤 지역이 광역시로 끼어 들어가 합쳐질 예정이라는 뜻이므로 '편입'이 ㉠의 뜻으로 쓰였습니다.
(2) 편입 시험에 합격하여 다니던 학교를 그만두고 다른 학교 3학년으로 들어갔다는 뜻이므로 '편입'이 ㉡의 뜻으로 쓰였습니다.

짧은 글로 만나기

5 1문단에 인구 분포는 자연적 요인과 사회·경제적 요인의 영향을 받아 지역마다 고르지 않게 나타난다고 제시되어 있습니다.

6 2문단에서 산업화로 인해 대중교통이 발달하고 일자리가 많은 대도시 지역의 인구 밀도가 높아졌다고 말하고 있습니다. 교통과 산업은 사회·경제적 요인에 해당합니다.

오답 풀이

✖ 1문단에서 인구 분포란 사람들이 어디에 얼마나 모여 살고 있는가를 나타낸 것이라고 제시하고 있습니다.

✖ 2문단을 보면 전통 사회에서 평야 지역은 인구 밀도가 높았고 산지 지역은 인구 밀도가 낮았다고 언급되어 있습니다.

7 ㉠이 들어가 '한 도시가 다른 지역으로 들어가게 되는 일이 생겼을 때'라는 의미가 되어야 하므로, '이미 짜여진 것에 끼어 들어감'이라는 뜻의 '편입'이 들어가는 것이 가장 알맞습니다.

어휘 풀이

▢ **수입**: 돈이나 물품 등을 거두어들임.

8 이 글에서 지방 자치 단체는 주민들을 위해 환승 할인 제도를 운영하고, 대중교통 노선을 조정하는 등 여러 가지 노력을 하고 있다고 설명하고 있습니다. 환승 할인 제도는 다른 노선이나 대중교통 수단으로 바꿔 탈 때 교통비를 할인해 주는 것을 말합니다.

긴글로 만나기

9 이 글은 꿀벌 마을버스의 운행 노선이 변경된다는 것을 알리는 안내문입니다.

10 이 글은 꿀벌 마을버스 산주 영업소의 전화번호만 안내하고 있을 뿐, 찾아가는 길에 대해서는 알려 주고 있지 않습니다.

오답 풀이

✖ '문의 사항 및 민원 접수'에서 산주 군청의 교통 민원과 전화번호를 알 수 있습니다.

✖ '변경 시행일'은 2022년 5월 24일이라고 제시되어 있습니다.

✖ '변경 내용'에서 마을버스 01번의 첫차 시간과 막차 시간을 알 수 있습니다.

✖ 이 글은 꿀벌역에서 소서리와 어주리를 오가는 꿀벌 마을버스 두 대의 기존 노선과 변경되는 노선을 안내하고 있습니다. '변경 내용'을 보면, 두 버스의 변경 전후에 해당하는 운행 노선을 각각 알 수 있습니다.

11 주어진 안내문은 노선 변경으로 인해 더 이상 버스가 정차하지 않아 없어지는 정류장에 붙여야 합니다. 따라서 기존의 마을버스 02번 노선에는 있었지만, 변경된 마을버스 01번 노선에는 없는 정류장이 해당됩니다. '소서리 사거리'는 변경 전 마을버스 02번 노선에는 있었지만 변경 후 마을버스 01번 노선에는 포함되지 않으므로, 주어진 안내문을 붙여야 하는 곳입니다.

12 안내문의 앞부분을 보면, 기존의 버스 노선이 변경 및 폐지되는 까닭이 꿀벌역에서 소서리와 어주리를 오가는 마을버스의 이용 주민이 줄어들었기 때문이라는 것을 알 수 있습니다.

[더 알아보기] **안내문**

안내문은 어떤 내용을 다른 사람에게 소개하고 알려 주기 위한 목적으로 쓴 글입니다. 안내문은 일상생활 곳곳에서 찾아볼 수 있습니다. 학교에서 나눠 주는 가정 통신문, 아파트 엘리베이터 안에 붙어 있는 글, 공공 기관에 붙어 있는 게시문 등이 안내문에 해당합니다.

안내문은 담고 있는 정보를 빠르고 정확하게 전달해야 하기 때문에 이해하기 쉬운 낱말과 간결한 문장으로 써야 합니다. 정보를 한눈에 전달하기 위해 표나 시각적인 자료를 활용하기도 합니다.

09

어린이의 인권은 어떻게 보호받나요?

본문 64쪽

어휘로 만나기

1 (위에서부터)

인권, 마땅하다, 협약, 누리고, 존중

2 ☑ 나는 **인내심**이 부족해서 그 일을 참을 수 없었다.

3 (위에서부터)

=, ↔, =

4 (1) ⓒ　(2) ㉠

짧은 글로 만나기

5 존중하는

6 ☑ 공중화장실에 있는 유아용 변기 커버를 없앴다.

7 미래, 인권

8 ☑ 어린이를 위해 힘쓴 방정환

긴 글로 만나기

9 ☑ 시열 : 이 글은 몸이 불편한 어린이들을 보호하는 권리에 대해 설명하고 있어.

10 ③

11 ④

12 (단순한 보호 대상이 아닌) 권리를 누리는 인간

2 주어진 '人(사람 인)'이 쓰이지 않은 어휘는 인내심이며, 인내심에는 '忍(참을 인)'이 쓰입니다.

어휘 풀이

☐ **인생** (사람 人, 살 生) : 사람이 세상을 살아가는 일.

☐ **인물** (사람 人, 만물 物) : 생김새나 됨됨이로 본 사람.

☐ **인내심** (참을 忍, 견딜 耐, 마음 心) : 괴로움이나 어려움을 참고 견디는 마음.

3 어휘 풀이

☐ **옳다** : 규범에 맞고 바르다.

☐ **무시** : 사람을 깔보거나 업신여김.

☐ **약속** : 다른 사람과 앞으로의 일을 어떻게 할 것인가를 미리 정해 둠.

4 (1) 돼지고기의 메스껍고 비위에 거슬리는 냄새를 없애기 위해 생강을 넣었다는 뜻이므로 '누리다'가 ⓒ의 뜻으로 쓰였습니다. (2) 조선 시대 노비들이 억압에서 벗어나 생활 속에서 자유를 마음껏 즐기며 살고자 했다는 뜻이므로 '누리다'가 ㉠의 뜻으로 쓰였습니다.

5 '존중하는'의 뜻은 '사람이나 의견을 높이어 귀중하게 대하는'이므로, ㉠의 '귀하고 소중하게 여기는'과 바꾸어 쓸 수 있습니다.

어휘 풀이

☐ **미워하다** : 밉게 여기거나 밉게 여기는 생각을 직접 행동으로 드러내다.

☐ **좋아하다** : 어떤 일이나 사물 등에 대해 좋은 느낌을 가지다.

☐ **차별하다** : 둘 이상의 대상을 각각 등급이나 수준 등의 차이를 두어서 구별하다.

☐ **억누르다** : 자유롭게 행동하지 못하도록 압력을 가하다.

6 이 글은 우리 주변에서 쉽게 찾아볼 수 있는 인권 존중 사례를 보여 주는 글입니다. 2문단에서 인권 존중 사례 중 하나로 키와 몸집이 작은 어린아이를 위해 공중화장실에 유아용 변기 커버를 설치한 것을 제시하고 있습니다. 따라서 유아용 변기 커버를 없애는 것은 인권을 보호하는 사례로 볼 수 없습니다.

7 2문단에서 방정환은 아이들이 우리 민족의 미래라고 생각하여 어린이에 대한 강연을 하거나 아동 문학 작품을 펴냈고, 어린이날을 제정하여 어린이의 인권을 높이는 데 큰 도움을 주었다고 말하고 있습니다.

8 이 글은 방정환이 어린이의 인권을 위해 벌였던 활동에 대해 알려 주는 글입니다.

오답풀이

✖ 방정환이 아동 문학 작품을 펴낸 것은 아이들이 밝게 자라게 하기 위한 것이며, 그가 문학을 사랑했다는 내용은 따로 언급되어 있지 않습니다. 따라서 '문학을 사랑한 방정환'은 이 글의 제목으로 알맞지 않습니다.

✖ 1문단에서 방정환을 일제 강점기의 아동 문학가라고 소개하고 있으며, 그가 독립운동을 했다는 내용은 언급되어 있지 않습니다. 따라서 '일제 강점기를 대표하는 독립운동가, 방정환'은 이 글의 제목으로 알맞지 않습니다.

긴 글로 만나기

9 이 글은 어린이의 인권을 보호하는 '유엔 아동 권리 협약'에 관해 설명하는 글입니다. 이 협약은 몸이 불편한 어린이들이 아니라, 전 세계에 있는 만 18세 미만의 모든 어린이와 청소년의 인권을 보호하는 권리를 보장하고 있습니다.

10 2문단에서 '유엔 아동 권리 협약'에서는 어린이라면 누구나 마땅히 누려야 할 권리로 생존의 권리, 보호의 권리, 발달의 권리, 참여의 권리 등 네 가지 권리를 제시한다고 말하고 있습니다.

오답풀이

✖ 2문단에서 유엔 아동 권리 협약은 1989년에 만들어졌다고 언급하고 있습니다.

✖ 6문단에서 표현의 자유는 참여의 권리에 포함된다고 설명하고 있습니다.

✖ 2문단에서 유엔 아동 권리 협약은 전 세계에 있는 만 18세 미만의 아동을 위해 만들어졌다고 말하고 있습니다.

✖ 4문단에서 보호의 권리는 어린이가 해로운 것으로부터 보호받을 권리라고 말하고 있습니다.

11 아이가 아플 때 병원에 가서 치료를 받는 것은 기본적인 보건 서비스를 받는 것에 해당하며, 이는 생존의 권리에 포함됩니다. 발달의 권리는 잠재 능력을 최대한 발휘하는 데 필요한 권리로, 교육받을 권리와 문화생활을 즐길 권리를 보장합니다.

오답풀이

✖ 아이를 온종일 일하게 하는 것은 어린이에게 행해지는 지나친 노동 등을 금지하는 보호의 권리에 어긋나는 행위입니다.

✖ 학생들이 학교에서 교육을 받는 것은 어린이가 자신이 가진 능력을 마음껏 펼칠 수 있도록 교육받을 권리를 보장하는 발달의 권리에 포함됩니다.

✖ 어린이가 하루 세 끼 건강한 식단을 먹는 것은 충분한 영양을 섭취해야 한다는 생존의 권리에 해당합니다.

✖ 초등학생이 자신이 원하는 방과 후 활동에 참여하는 것은 모임에 자유롭게 참여할 수 있는 권리를 포함하는 참여의 권리에 속합니다.

12 2문단에서 유엔 아동 권리 협약에서는 어린이를 단순한 보호 대상이 아닌 권리를 누리는 인간 존재로 보고 있다고 설명하고 있습니다.

10

우리 가족은 의무 지킴이!

본문 70쪽

어휘로 만나기

1 (위에서부터)

다하여, 의무, 제재, 보장, 국경일

2 ☑ 전통 **의상**을 차려입은 사람들이 모여들었다.

3 국경일

4 (위에서부터)

처벌, 보호, 해내다

짧은 글로 만나기

5 제재

6 ☑ 각자 양심에 따라 스스로 마땅히 지켜야 하는 규칙이다.

7 자유권

8 ☑ 사람이 살고 있는 집을 강제로 철거하는 것은 청구권 침해에 해당한다.

긴 글로 만나기

9 ☑ 헌법에 나타난 국민의 의무

10 ①

11 ⑤

12 ㉠ 부모님께서는 교육의 의무를 지키고 계시다 (계신다).

㉡ 나는 지난주 주말에 환경 보전의 의무를 실천했다.

---

2 주어진 '義(옳을 의)'가 쓰이지 않은 어휘는 의상이며, 의상에는 '衣(옷 의)'가 쓰입니다.

어휘 풀이

▢ **정의** (바를 正, 옳을 義): 진리에 맞는 올바른 도리.

▢ **예의** (예절 禮, 옳을 義): 존경의 뜻을 표하기 위하여 예로써 나타내는 말투나 몸가짐.

▢ **의상** (옷 衣, 치마 裳): 겉에 입는 옷.

3 어휘 풀이

▢ **해내다**: 맡은 일이나 닥친 일을 잘 처리하다.

▢ **처벌**: 형벌에 처함.

▢ **보호**: 위험이나 곤란 따위가 미치지 않도록 잘 보살펴 돌봄.

4 '국경일'은 삼일절, 광복절, 제헌절, 개천절, 한글날 등을 포함하는 상위어입니다. '명절'은 해마다 일정하게 지켜 즐기거나 기념하는 때를 뜻하는 말로, 설날, 대보름날, 추석 등이 포함됩니다.

5 ㉠이 들어가 '법을 지키지 않았을 때는 그에 따른 불이익을 받게 된다'는 의미가 되어야 하므로 '규칙이나 관습을 지키지 않는 것을 제한하거나 금지함'의 뜻을 가지고 있는 '제재'가 들어가는 것이 가장 알맞습니다.

어휘 풀이

▢ **보수**: 일이나 노력의 대가로 받는 돈이나 물건.

▢ **권리**: 어떤 일을 하거나 다른 사람에게 당연히 요구할 수 있는 힘이나 자격.

6 이 글은 법의 뜻과 일상생활 속의 법에 대해 알려 주는 글입니다. 각자의 양심에 따라 스스로 마땅히 지켜야 하는 것은 도덕에 해당합니다. 법은 강제성이 있는 규칙이며, 법을 지키지 않으면 도덕과 달리 그에 따른 제재를 받습니다.

7 이 글은 헌법에서 보장하는 국민의 기본권과 기본권이 침해당한 사례를 보여 주고 있습니다. 2문단에서 상대방의 동의 없이 멋대로 불법 촬영을 하는 것은 자유권 침해에 해당한다고 말하고 있습니다.

8 2문단에서 사람이 살고 있는 집을 강제로 철거하는 것은 사회권을 침해하는 것이라고 말하고 있습니다.

9 이 글은 글쓴이가 학교에서 배운 헌법상 국민의 의무를 가족들이 생활 속에서 어떻게 실천하고 있는지 적은 일기 형식의 글입니다. 따라서 '헌법에 나타난 국민의 의무'가 부제목으로 가장 적절합니다.

오답 풀이

✖ 이 글에는 글쓴이의 가족이 지난주 주말에 무엇을 했는지만 언급하고 있기 때문에 '우리 가족이 주말에 하는 일'은 부제목으로 적절하지 않습니다.

✖ 제헌절에 관한 내용은 1문단에서만 다루고 있으므로 '헌법 제정을 기념하는 제헌절'은 이 글 전체를 대표하는 부제목으로 적절하지 않습니다.

✖ '환경 보전을 위한 나무 심기'는 국민의 의무를 실천한 예시 중 하나로 언급되어 있습니다. 따라서 글 전체의 중심 내용이 아니기 때문에 부제목으로 적절하지 않습니다.

10 3문단에서 교육의 의무란 자녀가 잘 성장할 수 있도록 교육을 받게 할 의무를 말한다고 설명하고 있습니다. 따라서 <보기>의 조항은 교육의 의무에 해당합니다.

11 글쓴이는 공기를 맑게 하고 미세 먼지를 흡수하는 데 도움을 주는 소나무와 잣나무를 심어 환경 보전의 의무를 실천했습니다. 쓰레기를 함부로 버리지 않는 것도 환경을 보호하기 위한 행동이므로 환경 보전의 의무에 해당합니다.

오답 풀이

✖ 3문단에 글쓴이의 작은형은 군대에서 국방의 의무를 다하고 있다고 언급되어 있습니다.

✖ 2문단에서 헌법이 제시하는 국민의 의무는 모든 국민의 기본권 보호와 나라의 발전을 위해 국민으로서 반드시 지켜야 한다고 말하고 있습니다. 따라서 큰누나는 환경 보전의 의무를 지키지 않아도 된다는 여진이의 말과 하나 이상의 의무를 지키면 된다는 재민이의 말은 알맞지 않습니다.

✖ 자녀를 학교에 보내지 않는 것은 교육의 의무에 어긋나는 일입니다.

12 ㉠의 '우리 부모님께서는 교육의 의무를 지키고 있다'에서 '-께서'는 높임의 대상에게 쓰이는 말이므로 서술어에도 높임 표현을 써야 호응이 알맞게 이루어집니다. 따라서 '지키고 있다'를 '지키고 계시다

(계신다)'로 고쳐 써야 합니다. ㉡의 '나는 지난주 주말에 환경 보전의 의무를 실천할 것이다'에서 '지난주'는 과거의 시간을 나타내는 말이므로 '실천할 것이다'를 '실천했다'로 고쳐 써야 알맞은 호응이 이루어집니다.

[배경지식 넓히기] 헌법에 제시된 국민의 의무

■ **교육의 의무**
제31조 2항. 모든 국민은 그 보호하는 자녀에게 적어도 초등교육과 법률이 정하는 교육을 받게 할 의무를 진다.

■ **근로의 의무**
제32조 2항. 모든 국민은 근로의 의무를 진다. 국가는 근로의 의무의 내용과 조건을 민주주의 원칙에 따라 법률로 정한다.

■ **환경 보전의 의무**
제35조 1항. 모든 국민은 건강하고 쾌적한 환경에서 생활할 권리를 가지며, 국가와 국민은 환경보전을 위하여 노력하여야 한다.

■ **납세의 의무**
제38조. 모든 국민은 법률이 정하는 바에 의하여 납세의 의무를 진다.

■ **국방의 의무**
제39조 1항. 모든 국민은 법률이 정하는 바에 의하여 국방의 의무를 진다.

본문 76쪽

어휘 복습하기

1 편입

2 길목

3 마땅하다

4 파손

5 저기압

6 인권

7 폐지되다

8 보장하다

9 속출하다

10 운행

11 다하기

12 국경일

13 살펴보았다

14 재해

15 제재

16 지형

17 등지고

18 ④

19 (예시)

먹구름이 걷히면서 햇빛이 쨍하게 비쳤다.

20 (예시)

친한 친구일수록 서로 존중하는 태도가 필요하다.

불	만	주	요	길	목
행	인	권	점	눈	저
동	간	절	마	대	기
보	파	손	땅	탄	압
편	지	시	하	국	보
입	학	교	다	반	장

실력 더하기

1 (1) 할머니께서 맛있는 찹쌀떡을 주셨다.

　(2) 다음 주 토요일에 가족과 야구장에 갈 것이다.

　(3) 나는 날아오는 축구공을 손으로 잡았다.

2 (1) X　(2) X　(3) ○

1 (1) '-께서'는 높임의 대상에게 쓰는 말이므로 '주셨다'라고 고쳐 쓰는 것이 바른 표현입니다.

　(2) '다음 주 토요일'은 미래의 시간을 나타내는 말이므로 '갈 것이다'라고 고쳐 쓰는 것이 바른 표현입니다.

　(3) '내가' 축구공을 손으로 잡는 것이므로 '잡았다'라고 고쳐 쓰는 것이 바른 표현입니다.

2 (1) 황사가 흩어져 없어지면 산책을 나갈 것이라는 뜻이므로 '황사가 걷히다'가 맞습니다.

　(2) 그가 가난한 시절을 겪고 성공하여 부자가 되었다는 뜻이므로 '가난한 시절을 거치다'가 맞습니다.

　(3) 4호선 열차는 사당역을 지나 오이도역까지 간다는 말이므로 '사당역을 거치다'가 맞습니다.

본문 82쪽

어휘로 만나기

1 (위에서부터)

탐구, 상용, 깊숙이, 원격, 일생

2 ☑ 모처럼 **식구**들과 오붓하게 모여 저녁 식사를
했다.

3 (위에서부터)

=, ↔, =

4 (1) ⓒ   (2) ⓐ

짧은 글로 만나기

5 탐구

6 (위에서부터)

X, X, ○

7 ☑ 그는 **일생**적인 만남을 기다린다.

8 ☑ 전기문의 구성 요소 중 비평은 인물에 대한 글
쓴이의 생각이나 평가다.

긴 글로 만나기

9 (위에서부터)

에디슨, 교류, 무선 통신

10 ⑤

11 ④

12 ☑ 전기문은 인물의 삶을 꾸며서 쓴 글이다.

---

2 탐구, 연구실, 학구열에는 모두 주어진 '究(연구할
구)'가 쓰이며, 식구에는 '口(입 구)'가 쓰입니다.

어휘 풀이

☐ **식구** (먹을 食, 입 口): 한 집에 함께 살면서 끼니를
같이하는 사람.

☐ **연구실** (궁구할 硏, 연구할 究, 집 室): 어떤 연구를 전
문으로 하기 위하여 설치한 기관이나 방.

☐ **학구열** (배울 學, 연구할 究, 더울 熱): 학문 연구에 대
한 정열.

3 어휘 풀이

☐ **통용**: 일반적으로 두루 씀.

☐ **단거리**: 짧은 거리.

☐ **평생**: 세상에 태어나서 죽을 때까지의 동안.

4 (1) 사건에 매우 깊이 개입했다는 뜻이므로 '깊숙이'
가 ⓒ의 뜻으로 쓰였습니다. (2) 모자를 위에서 아래
로 푹 내려서 썼다는 뜻이므로 '깊숙이'가 ⓐ의 뜻으
로 쓰였습니다.

짧은 글로 만나기

5 과학자는 주변의 자연 현상을 깊게 연구를 하는 사
람이므로 '탐구'가 가장 알맞습니다.

어휘 풀이

☐ **복구**: 손실 이전의 상태로 회복함.

☐ **요구**: 받아야 할 것을 필요에 의하여 달라고 청함.
또는 그 청.

☐ **출구**: 밖으로 나갈 수 있는 통로.

☐ **함구**: 입을 다물고 말하지 않음.

6 탐구 문제를 정할 때는 탐구 범위가 좁고 구체적이
어야 합니다. 또한 탐구 문제를 정해 연구하는 것은
과학자만의 역할이 아닌 누구나 할 수 있는 것입니
다. 과학자는 우리 주변의 자연 현상을 탐구하는 사
람이 맞습니다.

7 '일생'은 '그러한 성격을 띠는'을 의미하는 '-적'과
어울려 '일생적'과 같이 쓰이지 않습니다. '그는 운
명적인 만남을 기다린다'로 고쳐 써야 맞는 표현입
니다.

8 전기문의 구성 요소 중 비평은 인물에 대한 글쓴이
의 생각이나 평가입니다.

✖ 전기문은 인물의 출생부터 사망까지 삶 전체를 다룹니다.

✖ 전기문은 실제 인물의 일생을 다룬 글로, 허구가 아닌 사실만을 다룹니다.

긴 글로 만나기

9 이 글은 니콜라 테슬라의 일생을 다룬 전기문입니다. 1882년에 에디슨의 전기 회사에 들어간 테슬라는 교류를 사용해 전기를 공급하자고 주장했습니다. 1893년, 교류가 미국 전기의 표준으로 채택되면서, 직류를 주장하던 에디슨과의 전류 전쟁에서 승리하게 됩니다. 이후 테슬라는 1900년에 무선 통신을 시도했지만 마르코니가 무선 통신을 먼저 상용화하면서 큰 실패를 겪었습니다. 그럼에도 그는 꾸준히 발명을 이어나갔습니다.

10 직류를 주장한 에디슨과 달리 테슬라는 교류를 주장했습니다. 교류가 직류보다 전압을 높이기 쉬워서 전기를 더 먼 곳까지 쉽게 보낼 수 있기 때문입니다.

✖ 테슬라는 교류 전송 장치를 에디슨과 함께 개발하지 않았습니다. 둘은 전기 공급 방식에 대한 견해가 달랐기 때문입니다.

✖ 전기 공급 방식으로 테슬라는 교류, 에디슨은 직류를 주장했습니다.

✖ 무선 통신을 세계 최초로 상용화한 사람은 테슬라가 아닌 이탈리아의 물리학자 마르코니입니다.

✖ 테슬라는 어린 시절에 고양이를 쓰다듬다가 전기에 깊숙이 사로잡혔습니다.

11 전기문은 한 인물의 삶을 통해 읽는 이에게 감동과 교훈을 주는 글입니다. 테슬라는 많은 사람에게 편리함을 준 과학자입니다. 그는 무선 통신 상용화에 실패했을 때도 다시 일어나 발명을 이어나가며 평생 전기를 깊숙이 탐구했습니다. 또 자신의 물질적 이익보다 사람들의 편리함을 생각하며 수많은 발명을 했습니다. 그러나 테슬라가 다른 사람과 경쟁에서 이기기 위해 수단과 방법을 가리지 않은 모습은 이 글에서 찾을 수 없습니다.

12 전기문은 실제 인물의 삶을 다룬 글로, 꾸며서 쓴 글이 아닌 사실을 쓴 글입니다.

✖ 전기문에는 인물이 살았던 시대 상황이 나타납니다. 미국 전기의 표준이 교류로 채택된 것, 테슬라가 사망할 당시 제2차 세계 대전이 있었다는 것 등 당시 시대 상황을 확인할 수 있습니다.

✖ 전기문에는 인물이 한 일과 인물의 가치관이 나타납니다. 교류 전송 장치를 개발한 것, 수많은 발명을 한 것, 무선 통신을 시도한 것은 테슬라가 한 일이고, 자신의 이익보다 많은 사람의 편리함을 추구한 것은 테슬라의 가치관입니다.

본문 88쪽

어휘로 만나기

1 (위에서부터)

보온, 조밀하다, 가공, 일컫는다, 성능

2 ☑ 잔잔한 호수를 바라보니 마음이 **평온**해졌다.

3 (위에서부터)

=, ↔, =

4

| 사자를 흔히 동물의 왕이라 **일컫는다**. | — | 이름을 지어 부르다. |

| 고모는 아버지의 누나나 여동생을 **일컫는** 말이다. | — | 가리켜 말하다. |

짧은 글로 만나기

5 높은, 낮은

6 ☑ 뜨거운 물에서 설탕이 더 빠르게 녹는다.

7 ☑ 우리나라의 생물 자원을 잘 **보온**하고 관리해야 한다.

8 (위에서부터)

X, ○, ○

긴 글로 만나기

9 (위에서부터)

셀룰로스, 환경 오염, 폐지

10 ③

11 ☑ 단열 성능이 가장 뛰어난 단열재는 무엇인가요?

12 폐지의 재활용률을 높이고, 이산화 탄소의 배출량도 줄일 수 있기

어휘로 만나기

2 주어진 '溫(따뜻할 온)'이 쓰이지 않은 어휘는 평온이며, 평온에는 '穩(편안할 온)'이 쓰입니다.

어휘 풀이

□ **평온** (편안할 平, 편안할 穩): 조용하고 평안함.
□ **온천** (따뜻할 溫, 샘 泉): 땅의 열에 의하여 지하수가 평균 기온 이상으로 데워져 솟아 나오는 샘.
□ **기온** (공기 氣, 따뜻할 溫): 대기의 온도.

3 어휘 풀이

□ **기능**: 어떤 역할이나 작용을 함.
□ **천연**: 사람의 힘을 가하지 않은 자연 그대로의 상태.
□ **촘촘하다**: 틈이나 간격이 매우 좁거나 작다.

4 사자를 흔히 동물의 왕이라 별명 지어 부른다는 뜻이므로 '일컫다'가 위 칸의 뜻으로 쓰였고, 고모는 아버지의 누나나 여동생을 가리키는 말이라는 뜻이므로 '일컫다'가 아래 칸의 뜻으로 쓰였습니다.

짧은 글로 만나기

5 2문단에서 전도란 고체에서 열이 이동하는 현상이며, 고체에서 열은 온도가 높은 곳에서 낮은 곳으로 이동한다고 말하고 있습니다.

6 뜨거운 물에서 설탕이 더 빠르게 녹는 것은 전도가 아니라 물의 온도에 따른 용해도에 대한 예시로, 이 글에는 이러한 내용이 등장하지 않습니다.

오답 풀이

✖ 청진기가 몸에 닿으면 차갑게 느껴지는 것은 몸의 열이 몸보다 온도가 낮은 청진기로 전도되면서 몸에 있던 열을 빼앗기 때문입니다.

✖ 냄비의 아래쪽을 가열하면 뜨거워진 아래쪽의 열이 냄비의 위쪽으로 전도되기 때문에 냄비 전체가 뜨거워지는 것입니다.

7 우리나라의 생물 자원을 잘 보호하고 관리해야 한다는 뜻이므로 '잘 보호하고 보관하여 남김'을 뜻하는 '보존'이 쓰이는 것이 적절합니다.

8 2문단에 방한복 속에 있는 솜털 사이의 공기층은 차가운 공기가 안으로 들어오지 못하도록 막아 준다고 언급되어 있으므로, 열의 이동을 돕는 것이 아니

라 방해한다고 볼 수 있습니다. 또 보온병은 이중벽으로 되어 있어서 벽 사이의 공간이 열의 이동을 최대한 막아 주고, 피자 배달 가방 안에는 두꺼운 단열재가 있어서 피자의 열이 바깥으로 빠져나가는 것을 막아 준다고 설명하고 있습니다.

긴 글로 만나기

9 2문단에서 화학 원료로 만들어진 단열재들은 제작 과정에서 환경 오염을 일으키는 해로운 물질이 사용되고, 분해되는 과정에서도 환경 오염을 일으키는 물질이 발생한다고 설명하고 있습니다. 3문단에서 친환경 단열재인 셀룰로스 단열재는 폐지를 재활용해 만들고, 환경에 해가 없는 수증기를 이용해서 제작되기 때문에 이산화 탄소 배출량이 적다고 말하고 있습니다.

10 버려져서 분해되기까지 오랜 시간이 걸리는 것은 화학 원료로 만들어진 단열재에 대한 설명이며, 셀룰로스는 친환경 단열재의 재료로 쓰입니다.

11 이 글에서 발포 폴리스타이렌, 발포 폴리우레탄, 폴리 에틸렌 등 화학 원료로 만들어진 단열재들은 저렴한 가격에 비해 단열 효과가 높고, 셀룰로스 단열재는 목재 사이에 공간을 채워 주는 방식으로 매우 조밀하게 제작되어 단열 성능이 좋다고 말하고 있을 뿐, 단열 성능이 가장 뛰어난 단열재가 무엇인지는 언급하고 있지 않습니다.

오답풀이

✘ 단열재가 에너지를 절약하는 데 도움이 되는 까닭은 1문단에서 답을 찾을 수 있습니다. 단열재를 사용해서 건물을 지으면 여름날 더운 바깥 공기가 실내로 들어오거나 겨울날 건물 안의 열이 바깥으로 빠져나가는 것을 막을 수 있어서 냉난방에 필요한 에너지가 절약된다고 말하고 있습니다.

✘ 우리나라에서 건축용으로 많이 사용되는 단열재는 2문단에서 답을 찾을 수 있습니다. 스티로폼이라 불리는 발포 폴리스타이렌과 발포 폴리우레탄, 폴리에틸렌 등이 있다고 제시하고 있습니다.

12 3문단에 셀룰로스 단열재는 폐지의 재활용률을 높이고, 지구 온난화의 주요 원인인 이산화 탄소의 배출량을 줄일 수 있어서 뛰어난 친환경 단열재로 주목받고 있다고 제시되어 있습니다.

[배경지식 넓히기] **버섯으로 만든 단열재**

버섯은 얇은 실 모양의 균사체를 가지고 있습니다. 균사체란 곰팡이의 몸을 구성하는 균사 덩어리를 말합니다. 버섯의 균사체는 자기 질량의 약 3만 배 정도의 토양을 아주 조밀하게 뭉칠 수 있습니다.

버섯 단열재는 이 균사체에 곡물 찌꺼기를 섞어서 만듭니다. 곡물 찌꺼기만으로는 잘 뭉쳐지지 않고 쉽게 부서지지만, 일종의 접착체 역할을 하는 버섯의 균사체와 결합하면 단단한 물질로 변합니다. 이렇게 만들어진 버섯 단열재는 내구성이 우수할 뿐 아니라 단열 성능도 뛰어납니다.

본문 94쪽

어휘로 만나기

1 (위에서부터)

관측, 행성, 손꼽는, 대기, 환경

2 관객

3 (왼쪽 위에서부터)

행성, 환경, 대기

4 (1) ㉠   (2) ㉡   (3) ㉢

짧은 글로 만나기

5 ☑ 미생물이 어떻게 생겼는지 현미경으로 자세히 **관찰**했다.

6 ☑ 토성은 가스로만 이루어져 있고 바깥쪽에 고리가 있다.

7 대기

8 ☑ 화성에서는 물이 흘렀던 흔적이 발견되었다.

긴 글로 만나기

9 ☑ 화성 테라포밍을 연구하는 까닭

10 ②

11 ②

12 지구와 비슷한 환경으로 만드는 것

어휘로 만나기

2 주어진 '觀(볼 관)'이 쓰인 어휘는 관객이며, 관계에는 '關(관계할 관)', 관리에는 '管(주관할 관)'이 쓰입니다.

어휘 풀이

☐ **관계** (관계할 關, 이을 係): 서로 관련을 맺거나 관련이 있음.

☐ **관객** (볼 觀, 손님 客): 운동 경기, 공연, 영화 따위를 보거나 듣는 사람.

☐ **관리** (주관할 管, 다스릴 理): 어떤 일의 사무를 맡아 처리함.

☐ **관광** (볼 觀, 문화 光): 다른 지방이나 다른 나라에 가서 그곳의 풍경, 풍습, 문물 따위를 구경함.

3 '행성'은 금성, 지구, 화성과 같이 항성 주변을 도는 천체를 모두 포함하는 상위어입니다. 그리고 물, 대기, 토양은 모두 생물에게 영향을 주는 '환경'에 포함되는 하위어입니다.

4 (1) 생일이 며칠 남았는지 손가락을 고부리며 세어 보았다는 뜻이므로 '손꼽다'가 ㉠의 뜻으로 쓰였습니다. (2) 수술이 성공한 경우가 적다는 뜻이므로 '손꼽다'가 ㉡의 뜻으로 쓰였습니다. (3) 자신이 본 영화 중에서 「주토피아」를 가장 뛰어나다고 생각했다는 뜻이므로 '손꼽다'가 ㉢의 뜻으로 쓰였습니다.

짧은 글로 만나기

5 미생물을 '관찰'하는 것과 행성들을 '관측'하는 것은 모두 자세히 살펴본다는 의미입니다.

어휘 풀이

☐ **개발**: 토지나 천연자원 따위를 유용하게 만듦.

☐ **관찰**: 사물이나 현상을 주의하여 자세히 살펴봄.

☐ **계산**: 수를 헤아리거나 어떤 일을 예상하고 고려함.

6 2문단을 보면 토성은 목성형 행성에 속한다는 것을 알 수 있습니다. 목성형 행성은 가스로만 이루어져 있으며, 바깥쪽을 고리가 둘러싸고 있습니다.

오답 풀이

✘ 1문단에서 태양계에는 모두 여덟 개의 행성이 있다고 말하고 있습니다.

✘ 행성은 지구와 같이 항성 주위를 도는 천체를 말합니다. 스스로 빛을 내는 천체는 항성이라고 하고, 태양이 항성에 포함됩니다.

7 이어지는 문장을 보면, ㉠ 안에 산소가 들어 있다는 것을 알 수 있습니다. 또 ㉠은 호흡과도 관련이 있는 어휘여야 하므로 '대기'가 가장 알맞습니다.

어휘 풀이

☐ **거리**: 두 개의 물건이나 장소 따위가 공간적으로 떨어진 길이.

☐ **대지**: 자연의 넓고 큰 땅.

☐ **먼지**: 가늘고 보드라운 티끌.

☐ **산소**: 지구의 공기를 이루는 주성분이면서 맛과 빛깔과 냄새가 없는 물질.

8 1문단에서 화성은 물이 흘렀던 흔적이 발견된 행성이라고 말하고 있습니다.

오답 풀이

✖ 화성의 남극과 북극은 얼음으로 덮여 있지만, 화성의 표면이 모두 얼음으로 덮인 것은 아닙니다.

✖ 화성은 지구보다 자기장이 약해서 우주의 해로운 물질을 막지 못합니다.

긴 글로 만나기

9 이 글은 테라포밍의 뜻을 소개하면서, 특히 화성을 대상으로 테라포밍을 연구하는 까닭을 설명하는 글입니다. 따라서 '화성 테라포밍을 연구하는 까닭'이 이 글의 부제목으로 가장 알맞습니다.

오답 풀이

✖ 인구가 늘어나면서 환경 오염이 심각해졌다고 언급하고 있지만, 이 글의 중심 내용이 아니므로 '인구 변화와 환경 오염'은 부제목으로 알맞지 않습니다.

✖ 화성과 지구를 비롯해 수성, 금성 등 태양계 행성이 등장하고 있지만, 각각의 특징을 소개한 것이 아니라 테라포밍할 가능성만 따져보고 있으므로 '태양계 행성의 종류와 특징'은 이 글 전체를 포괄하는 부제목이라고 보기 어렵습니다.

✖ 4, 5문단에서 화성의 얼음을 녹여 물이 흐르도록 만드는 방법에 관해 연구가 이루어지고 있다고 말하고 있지만, 구체적인 방법이 제시되지 않았을뿐더러 중심 내용이 아니므로 '화성의 얼음을 녹이는 방법'은 부제목으로 알맞지 않습니다.

10 3문단에서 달은 대기가 거의 없고 운석과 부딪힐 위험도 많아 테라포밍하기 어렵다고 말하고 있습니다.

오답 풀이

✖ 이 글에는 지구의 인구수만 언급되어 있습니다.

✖ 금성의 표면 온도가 400도를 넘는다는 말은 있지만, 온도를 낮추는 방법은 나타나지 않습니다.

✖ 화성은 달, 수성, 금성보다는 멀지만 비교적 지구와 가까운 행성입니다. 하지만 이동하는 데 걸리는 시간은 제시되어 있지 않습니다.

✖ 화성에서 과거에 물이 흘렀던 흔적이 관측되었다고 말하고 있지만, 그 까닭은 드러나지 않습니다.

11 이 글의 마지막 문단을 보면, 지구는 대기 중 산소가 21퍼센트이지만 화성에는 0.1퍼센트밖에 되지 않아 인간이 호흡하기 어렵고, 때문에 화성에 산소를 만드는 방법을 연구하고 있다고 설명하고 있습니다.

오답 풀이

✖ 4문단에서 화성의 양극과 지표면 아래에 있는 거대한 얼음덩어리를 녹이면 물이 흐르도록 만들 수 있다고 설명하고 있습니다.

✖ 3문단에서 달이 화성보다 지구와 가깝고, 금성 역시 더 가깝다고 말하고 있습니다. 또 달은 대기가 거의 없고 운석과 부딪힐 위험이 많으며, 금성은 표면 온도가 400도가 넘을 정도로 뜨거워서 테라포밍에 적당하지 않다고도 설명하고 있습니다.

12 2문단에서 '테라포밍'은 다른 천체를 지구와 비슷한 환경으로 만드는 것을 말한다고 설명하고 있습니다. 따라서 '화성 테라포밍'은 화성을 그러한 환경으로 만드는 것을 뜻한다고 짐작할 수 있습니다.

[배경지식 넓히기] 화성 탐사

화성을 탐사하려는 시도는 일찍이 1960년부터 시작되었습니다. 하지만 많은 탐사선이 화성에 도착하기 전에 폭발하거나 지구와 통신이 끊겼습니다. 그러다 1964년에 미국의 매리너 4호가 처음으로 화성의 표면을 사진 찍는 데 성공했습니다. 1971년에는 소련의 마스 3호가 화성의 표면에 착륙하는 데 성공했습니다. 그 후 2004년 미국의 쌍둥이 탐사선인 스피릿과 오퍼튜니티를 통해 본격적인 화성 탐사가 시작되었습니다.

2020년 7월, 미국 항공 우주국의 다섯 번째 탐사선인 퍼서비어런스가 발사되었습니다. 이 탐사선은 인간이 직접 화성을 탐사할 수 있는지 실험하고 테라포밍 가능성을 살펴보기 위해 개발되었습니다. 2021년 화성에 착륙한 퍼서비어런스는 화성에 헬기를 띄우고 소량의 산소를 만들어내는 데 성공했습니다.

↑ 퍼서비어런스

14

냠냠! 맛있는 과학 –김장 편

본문 100쪽

어휘로 만나기

1 (위에서부터)

버무렸다, 세균, 돋우었다, 활발하게, 번식하기

2 병균

3 (위에서부터)

뒤섞다, 퍼지다, 기운차다

4

짧은 글로 만나기

5 유산균, 번식, 배설

6 ☑ 세균은 해로운 병균을 뜻한다.

7 활발

8 ☑ 어느 인터넷 블로그에 올려진 내용을 학교 과제에 옮겨 적어서 제출했다.

긴 글로 만나기

9 ☑ 김치의 유산균

10 ⑤

11 소담

12 (유산균은 산소를 싫어하는 세균이기 때문에) 최대한 공기를 빼 줘야 유산균의 활동이 활발하게 이루어지기 때문입니다.

2 주어진 '菌(균 균)'이 쓰인 어휘는 병균이며, 균형과 평균에는 '均(고를 균)'이 쓰입니다.

어휘 풀이

☐ **균형** (고를 均, 저울대 衡) : 어느 한쪽으로 기울거나 치우치지 않고 고른 상태.

☐ **병균** (병 病, 균 菌) : 병의 원인이 되는 균.

☐ **평균** (평평할 平, 고를 均) : 여러 사물의 질이나 양 등을 통일적으로 고르게 한 것.

☐ **살균** (죽일 殺, 균 菌) : 세균 따위의 미생물을 죽임.

3 어휘 풀이

☐ **기운차다** : 힘이 가득하고 넘치는 듯하다.

☐ **뒤섞다** : 물건 등을 같이 마구 섞다.

☐ **퍼지다** : 수가 많이 붇거나 늘다.

4 매콤한 찌개 냄새가 내 입맛을 당기게 했다는 뜻이므로 '돋우다'가 아래 칸의 뜻으로 쓰였고, 형의 뻔뻔한 태도가 어머니의 화를 생겨나게 했다는 뜻이므로 '돋우다'가 위 칸의 뜻으로 쓰였습니다.

5 2문단에서 유산균의 장점으로 우리 몸에 해로운 세균이 번식하는 것을 막아 주고, 소화된 음식물을 잘 배설할 수 있도록 도와주는 것을 들고 있습니다.

6 1문단에서 세균에는 해로운 병균만이 아니라 우리에게 이로운 영향을 주는 유익한 세균도 있다고 설명하고 있습니다.

7 ㉠이 들어간 문장은 '다양한 매체를 통해 정보의 공유가 매우 많고 빠르게 이루어진다'는 의미이므로, '생기 있고 힘차며 시원스럽다'는 뜻의 '활발'이 들어가는 것이 가장 알맞습니다.

어휘 풀이

☐ **신중하다** : 매우 조심스럽다.

☐ **활약하다** : 활발히 활동하다.

☐ **간절하다** : 마음속에서 우러나와 바라는 정도가 매우 절실하다.

☐ **긴박하다** : 매우 다급하고 절박하다.

8 이 글은 다양한 정보를 제대로 이해하고 비판적으로 분별하는 능력인 '미디어 리터러시'의 중요성에 관해 설명한 글입니다. 2문단에서 미디어 리터러시

를 통해 정보의 출처를 확인하여 믿을 만한 정보인지 가려내고, 정보의 내용이 거짓인지 아닌지 조사하여 적절한 정보임을 확인한 후에 정보를 활용해야 한다고 말하고 있습니다. 따라서 출처가 불분명한 어느 인터넷 블로그에 올려진 내용을 거짓인지 아닌지 판단하지 않고 과제에 활용한 것은 미디어 리터러시가 부족한 행동이라고 볼 수 있습니다.

오답풀이

✖ 뉴스 기사에 소개된 반려동물 전문가가 믿을 만한 사람인지 검색하여 확인한 것은 주어진 정보의 출처가 믿을 만한지 알아본 것이기 때문에 미디어 리터러시를 발휘한 행동입니다.

✖ 역사 프로그램에서 알려 준 정보를 그대로 받아들이지 않고 거짓이 없는지 책을 찾아 확인한 것은 미디어 리터러시를 발휘한 행동입니다.

긴 글로 만나기

9 글감이란 글의 내용이 되는 재료, 즉 소재를 말합니다. 이 글은 김장을 하면서 김치에 들어 있는 유산균의 장점과, 유산균을 번식시키는 방법에 대해 이야기하는 내용입니다. 따라서 이 글의 중심 글감으로 가장 알맞은 것은 '김치의 유산균'입니다.

10 이 글에서 홍 선생님은 배추를 소금에 절여 염도가 높아지면 해로운 세균은 죽고 염도에 강한 유산균만 살아남는다고 말하고 있습니다.

11 매체 자료를 접할 때는 제공되는 정보에 과장되거나 감춰진 내용이 있는지, 사실이 아닌 내용이 포함되어 있는지를 비판적으로 생각해 봐야 합니다. 따라서 정보가 믿을 만한 것인지 관련 백과사전을 찾아서 읽어 보겠다고 말하는 소담이가 이 글의 정보를 올바르게 비판하며 읽은 친구입니다.

오답풀이

✖ 진행자가 '10년 연속 김치 판매 1위'라고 말하면서 언제, 어떤 조사에서 판매 1위였는지에 관한 정보는 제시하지 않았으므로 정확한 출처를 알 수 없습니다. 따라서 그 말을 그대로 믿고 부모님께 김치를 사 먹자고 조르겠다는 윤희의 말은 이 글을 비판하며 읽은 것이라고 볼 수 없습니다.

✖ 홍 선생님이 언급한 '세계 최고의 품질'은 확인되지 않은 과장된 표현입니다. 따라서 그 말을 믿고 김치통을 구매하겠다는 도원이의 말은 이 글을 비판하며 읽은 것이라고 볼 수 없습니다.

12 이 글에서 진행자가 김치의 유산균을 잘 번식시키기 위한 또 다른 방법을 묻자, 홍 선생님은 김치를 꾹꾹 눌러 담아서 보관하는 것을 말하고 있습니다. 유산균은 산소를 싫어하는 세균이므로 최대한 공기를 빼서 산소와의 접촉을 막아 주어야 유산균의 활동이 활발하게 이루어지기 때문입니다.

본문 106쪽

어휘로 만나기

1 (위에서부터)

배열, 대응, 맞히는, 용도, 해석

2 ☑ 확대 : 넓혀서 크게 함.

3 (위에서부터)

이해, 쓰임새, 정렬

4 (1) ⓒ   (2) ㉠   (3) ⓛ

짧은 글로 만나기

5 대응, 짝, 수식

6 ☑ 서울의 인구수와 뉴욕의 인구수

7 ☑ 서로 한 걸음씩 양보한 덕분에 둘 사이의 문제
　　는 잘 <u>해석</u>되었다.

8 ☑ 암호를 만드는 수식이 복잡할수록 해석하는
　　방법은 간단해진다.

긴 글로 만나기

9 ☑ 카이사르 암호

10 ☑ (나)와 (다) 사이

11 ④

12 YHUB JRRG

---

2 '대응, 대결, 대조'는 모두 '對(대할 대)'가 쓰인 어휘
로, 대상들을 맞대어 따져 본다는 뜻을 지닙니다. 반
면 '확대'에는 크다는 뜻의 '大(클 대)'가 쓰입니다.

3 　어휘 풀이

▫ **쓰임새** : 쓰임의 정도나 쓰이는 곳.

▫ **이해** : 사리(일의 이치)를 분별하여 해석함.

▫ **정렬** : 가지런하게 줄지어 늘어서게 함.

4 (1) 화살을 쏘아 과녁 중앙에 닿게 했다는 뜻이므로
'맞히다'가 ⓒ의 뜻으로 쓰였습니다. (2) 아홉 문제
의 답이 맞았다는 뜻이므로 '맞히다'가 ㉠의 뜻으로
쓰였습니다. (3) 주사를 놓았다는 뜻이므로 '맞히다'
가 ⓛ의 뜻으로 쓰였습니다.

5 1문단을 보면, 대응 관계란 두 양이 짝을 이루어 일
정하게 변하는 관계를 말한다는 것을 알 수 있습니
다. 또 2문단에서는 대응 관계에 대한 수식을 세우
면 양을 쉽게 계산할 수 있다고 말하고 있습니다.

6 서울의 인구수와 뉴욕의 인구수는 서로 영향을 주
지 않는 별개입니다. 즉, 서울의 인구수가 늘어난다
고 해서 뉴욕의 인구수가 꼭 늘어나거나 줄어드는
것은 아닙니다. 또 함께 늘어난다고 해도 그 비율이
일정하지 않으므로 대응 관계라고 할 수 없습니다.

　오답 풀이

✖ 네발자전거의 바퀴 수와 자전거 수는 '자전거의 수×
4=바퀴의 수'라는 수식으로 나타낼 수 있는 대응 관
계입니다.

✖ 서진이와 동생의 나이는 '서진이의 나이-3=동생의
나이'라는 수식으로 나타낼 수 있는 대응 관계입니
다. 두 사람의 나이는 세 살씩 일정하게 차이가 나
고, 매년 한 살씩 일정하게 더해집니다.

7 두 사람이 가지고 있던 문제가 풀려 잘 처리되었다
는 뜻이므로 '해결되었다'는 표현이 맞습니다. '해
결'은 '문제를 풀어서 밝히거나 얽힌 일을 잘 처리
함'이라는 뜻입니다.

　오답 풀이

✖ 문장의 내용을 파악해 뜻을 이해한다는 뜻이므로
'해석'이 알맞게 쓰였습니다.

✖ 영어로 쓰인 편지를 번역해서 무슨 뜻인지 이해한

다는 뜻이므로 '해석'이 알맞게 쓰였습니다.

8 마지막 문단에서, 암호를 만드는 수식이 복잡할수록 해석하기 어려운 암호가 된다고 말하고 있습니다.

오답 풀이

✖ 암호는 주고받는 당사자끼리만 뜻을 알 수 있도록 꾸민 기호로, 여기서 당사자란 어떤 일에 직접 관계가 있는 사람을 말합니다.

✖ '4시 20분'을 '9시 75분'으로 바꾼 것처럼 암호는 수를 셈해서 만들기도 합니다.

[더 알아보기] **암호 속 대응 관계**

이 글에 제시된 암호인 '당식생학', '9시 75분'은 원래 전달하려는 내용인 '학생식당', '4시 20분'과 대응 관계를 이룹니다.

먼저 '만날 시간'은 암호의 숫자에서 각각 5를 일정하게 빼서 알아낼 수 있습니다. 또 '만날 장소'는 글자의 순서를 바꾼 것이므로, '학생식당'의 글자 순서를 '1→2→3→4'라고 한다면 암호문의 글자 순서는 '4→3→2→1'이 됩니다. 이처럼 두 암호 모두 숫자나 글자가 짝을 이루어 일정하게 바뀌기 때문에 대응 관계를 이룬다고 할 수 있습니다.

긴글로 만나기

9 이 글은 '카이사르 암호'의 뜻과 카이사르 암호를 만드는 방법을 설명한 글입니다. 따라서 이 글의 중심 글감은 '카이사르 암호'입니다.

오답 풀이

✖ '암호키'와 '알파벳'은 중심 글감인 카이사르 암호를 만드는 데 필요한 요소들입니다.

✖ 초기의 암호는 작전을 전달하기 위해 쓰였고 오늘날에는 정보를 보호하기 위해 사용되고 있다고 '암호의 용도'를 언급하고 있지만, 전체 내용의 일부분일 뿐이므로 중심 글감으로 볼 수 없습니다.

10 카이사르 암호를 만들기 위해서는 <보기>의 (가)와 같이 각각의 알파벳을 수에 대응시킨 다음, (나)에 제시된 것처럼 그 수에 각각 암호키를 더해야 합니다. 이때 '25를 넘는 수가 있다면 26을 빼고', (다)와 같이 각각의 수를 다시 알파벳에 대응시키면 됩니다. 따라서 주어진 내용은 (나)와 (다) 과정 사이에 들어가야 합니다.

11 이 글의 3문단과 4문단, <보기>의 내용을 바탕으로 'KEY'를 암호로 바꾸려면, 먼저 알파벳 'K, E, Y'를 수에 대응시켜 '10, 4, 24'로 바꾸고, 여기에 암호키인 3을 더해 '13, 7, 27-26(27은 25를 넘는 수이기 때문에 26을 뺍니다)'으로 만들어야 합니다. 따라서 ④번은 9가 아닌 7이 되어야 합니다. 이 수들을 다시 알파벳에 대응시키면 'NHB'란 암호를 만들 수 있습니다.

12 주어진 문장의 알파벳을 수로 바꾸면 '21, 4, 17, 24, 6, 14, 14, 3'입니다. 여기에 암호키 3을 더해 '24, 7, 20, 27, 9, 17, 17, 6'으로 만듭니다. 이 중 25를 넘는 27에서 26을 빼면 '24, 7, 20, 1, 9, 17, 17, 6'이 됩니다. 마지막으로 다시 알파벳으로 바꾸면 'Y, H, U, B, J, R, R, G'가 됩니다. 따라서 'VERY GOOD'을 카이사르 암호로 바꾸면 'YHUB JRRG'이 됩니다.

[배경지식 넓히기] **최초의 암호**

아주 오래전부터 사람들은 비밀을 지키기 위해 암호를 만들어 사용했습니다. 역사에 기록된 최초의 암호는 지금으로부터 2,500년 전 고대 스파르타에서 사용한 '스키테일 암호'입니다.

스파르타의 왕과 장군들은 전쟁에 나가기 전에 굵기가 같은 막대기를 나눠 가졌습니다. 작전을 알려야 될 때가 오면, 긴 띠로 된 종이를 막대기에 비스듬하게 말고 그 위에 작전 내용을 일자로 적었습니다. 그리고 빈 공간에는 아무 글자나 채워 넣은 뒤 종이를 풀어서 넘겼습니다. 종이를 전달받은 사람은 자신이 가지고 있는 막대기에 말아서 암호를 해석했습니다. 이렇게 하면 적군이 종이를 가로챈다고 해도 같은 굵기의 막대기가 없기 때문에 암호를 알아볼 수 없었습니다. 이 막대기의 이름이 스키테일이었기 때문에 '스키테일 암호'라고 부릅니다.

스피르타는 아테네와 27년에 걸쳐 전쟁을 했고, 이 전쟁에서 결국 승리했습니다. 그 비결 중 하나가 바로 스키테일 암호였습니다.

↑ 스키테일 암호

본문 112쪽

어휘 복습하기

1 상용
2 행성
3 대응
4 보온
5 환경
6 가공
7 배열
8 대기
9 탐구
10 관측
11 돋우었다
12 일컫는
13 깊숙이
14 ③
15 용도
16 세균
17 성능
18 원격

세	균	교	류	대	줌
상	배	발	효	응	환
용	열	보	온	습	경
관	계	셀	단	열	유
암	가	공	행	족	염
호	용	항	성	전	도

19 (예시)
나는 의사가 되어 환자들을 치료하는 데 일생을 바치고 싶다.

20 (예시)
희수는 어려운 단어가 많은 문장을 해석하려고 머리를 싸맸다.

21 (예시)
아이들은 조밀하게 짠 그물을 들고 고기를 잡으러 몰려갔다.

실력 더하기

1 (1) 열거 (2) 비교 (3) 분석
2 (1) ○   (2) X   (3) X

1 (1) 유산균의 역할을 열거한 글입니다.
(2) 화성과 지구의 닮은 점, 즉 공통점을 비교한 글입니다.
(3) 전기문을 구성하는 네 가지 요소를 하나하나 분석한 글입니다.

[더 알아보기] 분석과 분류

분석은 하나의 대상을 쪼개고 나누어 설명하는 것입니다. 예를 들어 곤충을 머리·가슴·배로 나누어 설명하는 것은 분석에 해당합니다.

한편 분류는 여러 대상을 기준에 따라 나누어 설명하는 것입니다. 따라서 분류를 하기 위해서는 기준이 필요합니다. 예를 들어 크기를 기준으로 자동차를 소형차·중형차·대형차로 나누거나, 나라를 기준으로 식사 양식을 한식·일식·양식·중식으로 나누는 것은 분류에 해당합니다.

---

2 (1) 군인들이 동작을 서로 어긋나지 않게 일치시켜 행진했다는 뜻이므로 '동작을 맞추다'가 맞습니다.
(2) 답이 어떻게 다른지 친구들과 서로 비교해 본다는 뜻이므로 '답을 맞추다'가 맞습니다.
(3) 답을 맞게 쓴 사람이 없고 모두 틀렸다는 뜻이므로 '답을 맞히다'가 맞습니다.

본문 118쪽

어휘로 만나기

1 (위에서부터)
묘사, 음색, 자아냈다, 명수, 선율

2 화음

3 (위에서부터)
고수, 가락, 표현

4 (1) ⓒ (2) ㉠

짧은 글로 만나기

5 절대, 표제

6 ☑ 정국 : 「빌헬름 텔 서곡」은 오로지 음의 아름다움을 보여 주기 위한 곡이야.

7 ☑ 행사에 참석하는 고객의 **명수**가 얼마나 되는지 세어 보았다.

8 ☑ 아들의 머리 위에 놓인 사과를 맞히지 못해서 결국 체포되었다.

긴 글로 만나기

9 (위에서부터)
첼로, 팀파니, 백조, 트럼펫

10 ☑ 다양한 악기로 빌헬름 텔 이야기를 묘사한 「빌헬름 텔 서곡」

11 ⑤

12 태수

어휘로 만나기

2 주어진 '音(소리 음)'이 쓰인 어휘는 화음이며, 음력에는 '陰(그늘 음)', 음식에는 '飮(마실 음)'이 쓰입니다.

어휘 풀이

▢ **음력** (그늘 陰, 역법 曆) : 달이 지구를 한 바퀴 도는 시간을 기준으로 만든 역법.

▢ **화음** (화할 和, 소리 音) : 높이가 다른 둘 이상의 음이 함께 울릴 때 어울리는 소리.

▢ **음식** (마실 飮, 먹을 食) : 사람이 먹고 마시는 것을 통틀어 이르는 말.

▢ **발음** (필 發, 소리 音) : 말의 소리를 냄.

3 어휘 풀이

▢ **가락** : 소리의 높낮이가 길이나 리듬과 어울려 나타나는 음의 흐름.

▢ **표현** : 생각이나 느낌 등을 언어나 몸짓 등의 형상으로 드러내어 나타냄.

▢ **고수** : 어떤 분야나 집단에서 기술이나 능력이 매우 뛰어난 사람.

4 (1) 식당의 조명이 고급스러운 분위기가 나도록 했다는 뜻이므로 '자아내다'가 ⓒ의 뜻으로 쓰였습니다. (2) 어머니가 물레로 실을 뽑아내서 옷을 지었다는 뜻이므로 '자아내다'가 ㉠의 뜻으로 쓰였습니다.

짧은 글로 만나기

5 절대 음악은 음이 가지는 순수한 아름다움과 예술성을 추구하는 음악입니다. 표제 음악은 이야기나 자연의 풍경과 같은 어떤 대상을 묘사하기 위해 만든 음악입니다.

6 1문단에서 「빌헬름 텔 서곡」은 표제 음악에 해당한다고 말하고 있습니다. 오로지 음의 아름다움을 보여 주기 위한 곡은 절대 음악입니다.

오답 풀이

✖ 1문단에서 표제 음악의 표제를 보면 곡이 묘사하고 있는 대상을 미루어 짐작해 볼 수 있다고 말하고 있습니다. 따라서 표제 음악인 「동물의 사육제」에서 묘사하는 대상은 동물임을 짐작할 수 있습니다.

✖ 2문단에서 대부분의 교향곡은 절대 음악에 포함되며, 절대 음악은 음악이 아닌 분야와 직접적인 관련이 없다고 말하고 있습니다.

7 행사에 참석하는 고객의 수가 얼마나 되는지 세어 보았다는 뜻이므로 '명수'가 '사람의 수'로 쓰였습니다.

오답풀이

✖ 미끼 없이도 고기를 잡는 것은 낚시 솜씨가 뛰어나다는 뜻이므로 ㉠과 같은 뜻으로 쓰였습니다.

✖ 역전을 잘하는 선수가 이번 경기에서도 막바지에 3점 슛을 넣었다는 뜻이므로 ㉠과 같은 뜻으로 쓰였습니다.

8 빌헬름 텔은 아들의 머리 위에 놓인 사과에 화살을 명중시켰지만, 게슬러가 약속을 어기고 텔을 체포했습니다.

긴 글로 만나기

9 이 글은 글쓴이가 「빌헬름 텔 서곡」을 듣고 작성한 음악 감상문입니다. '연주곡 감상 내용'에서 「빌헬름 텔 서곡」의 1부는 느린 첼로 연주로 고요하고 신비로운 느낌을 자아냈고, 2부에서는 팀파니를 두드리며 천둥소리를 표현했다고 말하고 있습니다. 또 3부에서는 잉글리시 호른으로 강물과 백조의 느린 움직임을 표현했고, 4부에서는 트럼펫을 빠르고 세게 연주해서 신나고 밝은 축제 분위기를 냈다고 말하고 있습니다.

10 「빌헬름 텔 서곡」은 빌헬름 텔의 이야기를 바탕으로 네 장면으로 구성된 곡이며, 이 글의 '연주곡 감상 내용'을 보면 장면마다 각각 다른 악기를 사용하여 곡이 묘사하는 대상과 분위기를 표현했음을 알 수 있습니다. '감상 후 느낀 점'에서도 각 장면에 어울리는 음색을 가진 악기가 연주되어 이야기가 더욱 실감 나고 재미있게 느껴졌다고 했으므로, '다양한 악기로 빌헬름 텔 이야기를 묘사한 「빌헬름 텔 서곡」'이 이 글의 부제목으로 가장 적절합니다.

오답풀이

✖ 「빌헬름 텔 서곡」은 연극이 아닌 연주곡입니다. 연극은 배우가 희곡에 따라 어떤 사건이나 인물을 말과 동작으로 관객에게 보여 주는 무대 예술을 말합니다.

✖ 「빌헬름 텔 서곡」은 빌헬름 텔에 관한 오페라에 나오는 곡으로, 추모곡이라고 볼 수 없습니다. 추모곡이란 죽은 사람을 그리며 생각하기 위하여 만든 노래를 말합니다. 또 이 곡의 마지막 장인 4부가 자유를 되찾은 스위스인의 기쁨을 나타낸 곡이라는 것으로 보아, 비극적인 최후를 맞이한 빌헬름 텔이라는 표현 역시 적절하지 않습니다.

11 「빌헬름 텔 서곡」은 희곡이 아니라 오페라 「빌헬름 텔」에 나오는 서곡입니다. 희곡은 공연을 목적으로 하는 연극의 대본을 말하고, 서곡은 오페라를 시작할 때 연주하는 곡을 말합니다.

12 「빌헬름 텔 서곡」의 3부 '고요함'은 잉글리시 호른을 여리게 연주하여 조용히 흐르는 강물과 그 위를 떠다니는 백조의 느린 움직임을 표현한 곡입니다. 이를 듣고 비바람으로 엉망이 된 숲속이나 빠르게 날아가는 백조를 떠올리는 것은 적절하지 않습니다.

17

움직이는 조각상이 있다고?

본문 124쪽

어휘로 만나기

1 (위에서부터)

모방, 발상, 떨쳤다, 대상, 결합

2 ☑ 크로키는 **대상**의 모습을 빠르게 그려낸 그림을 말한다.

3 (위에서부터)

↔, ↔, =

4

정엽이는 불안한 마음을 **떨치기** 위해 심호흡을 했다.		위세나 명성 따위를 널리 드날리다.
보미는 피아니스트로 널리 이름을 **떨치고** 있다.		불길한 생각이나 명예, 욕심 따위를 완강하게 버리다.

짧은 글로 만나기

5 모방

6 ☑ 조각이 장식물이 아닌 예술로 인정받게 되면서

7 ☑ 뮤지컬은 음악과 춤, 연기를 **결합**한 종합적인 예술이다.

8 ☑ 묵묵하게 망치질하고 있는 사람의 모습을 그린 그림이다.

긴 글로 만나기

9 ③

10

11 ④

12 당신의 작품을 움직이게 만들고

어휘로 만나기

2 주어진 '象(모양 상)'이 쓰인 어휘는 대상이며, 예상과 발상에는 '想(생각 상)', 상장에는 '賞(상줄 상)'이 쓰입니다.

어휘 풀이

☐ **발상** (필 發, 생각 想) : 어떤 생각을 해 냄.

☐ **상장** (상줄 賞, 모양 狀) : 상을 주는 뜻을 표하여 주는 증서.

☐ **예상** (미리 豫, 생각 想) : 어떤 일을 직접 당하기 전에 미리 생각하여 둠.

3 어휘 풀이

☐ **분리** : 서로 나뉘어 떨어짐.

☐ **창조** : 전에 없던 것을 처음으로 만듦.

☐ **아이디어** : 어떤 일에 대한 구상.

4 불안한 마음을 버리려고 심호흡을 했다는 뜻이므로 '떨치다'가 아래 칸의 뜻으로 쓰였고, 피아니스트로서 뛰어나다고 널리 이름이 알려졌다는 뜻이므로 '떨치다'가 위 칸의 뜻으로 쓰였습니다.

짧은 글로 만나기

5 초기의 조각은 대상의 모습을 그대로 본떠 만들어졌다는 내용이므로, 다른 것을 있는 그대로 본뜬다는 뜻을 가진 '모방'이 가장 알맞습니다.

어휘 풀이

☐ **기록** : 주로 후일에 남길 목적으로 어떤 사실을 적음.

☐ **변형** : 모양이나 형태가 달라지거나 달라지게 함.

☐ **왜곡** : 사실과 다르게 해석하거나 그릇되게 함.

6 ⓒ은 바로 앞에 나온 문장의 내용을 다시 정리하는 말입니다. 즉 사람들이 조각을 장식물이 아닌 예술로 인식하게 되었고, 그러면서 조각가들은 작품의 예술성을 위해 표현 방법을 더욱 고민하게 되었다는 뜻입니다.

7 뮤지컬은 음악, 춤, 연기가 한데 합해진 예술 형식이라는 뜻이므로 '결합'이 알맞게 쓰였습니다.

오답 풀이

✖ 전래 동화의 마지막 부분이 행복한 내용으로 끝난다는 뜻이므로 '결말'이 어울립니다. '결말'은 '어떤 일이 마무리되는 끝'을 말합니다.

✖ 난희가 운동을 하기로 마음을 먹었다는 뜻이므로 '결심'이 자연스럽습니다. '결심'은 '어떻게 하기로

마음을 굳게 정함'이란 뜻입니다.

8 '망치질하는 사람'은 평면 위에 그려진 그림이 아니라 입체적으로 만들어진 조각상입니다.

오답풀이

✖ 2문단에서 '망치질하는 사람'은 휴일을 제외하고 아침 8시부터 저녁 6시까지 10시간 동안 망치질을 하도록 만들어졌다고 했고, 35초에 한 번씩 위아래로 망치질을 한다고도 말했으므로 옳은 설명입니다.

✖ 1문단에서 '망치질하는 사람'은 조나단 보로프스키의 작품이며, 노동이 얼마나 가치 있는 일인지 표현하기 위해 만들어졌다고 말하고 있습니다.

긴 글로 만나기

9 모빌을 만든 것은 몬드리안이 아닌 알렉산더 콜더입니다. 콜더는 몬드리안이 작품에 사용하는 색과 이미지를 활용하여 모빌을 제작했습니다.

오답풀이

✖ 1문단에서 안토니 하위가 만든 키네틱 아트가 금속으로 된 꽃 모양이며, 나선형으로 회전하도록 만들어졌다는 것을 알 수 있습니다.

✖ 2문단에서 최초의 키네틱 아트는 마르셀 뒤샹의 「자전거 바퀴」라는 것을 알 수 있습니다.

✖ 3문단에서 알렉산더 콜더와 절친했던 뒤샹이 콜더의 작품에 「모빌」이라는 이름을 붙여 주었다고 말하고 있습니다.

✖ 4문단에서 테오 얀센의 작품 「해변 동물」은 엔진이나 모터를 달지 않고 바람만을 이용해 걸어 다니는 듯 움직인다고 말하고 있습니다.

10 마르셀 뒤샹의 작품 「자전거 바퀴」는 나무 의자 위에 자전거 바퀴를 거꾸로 올려놓은 모습입니다.

오답풀이

✖ 플라스틱 관, 끈, 비닐로 만들어져 바닷바람을 이용해서 움직이는 「해변 동물」은 테오 얀센의 작품입니다.

✖ 성화대의 불빛을 반사하며 회전하는 꽃 모양의 금속 조각은 안토니 하위의 작품입니다.

✖ 색을 입힌 작은 조각들을 철사에 매달아 흔들리도록 만든 「모빌」은 알렉산더 콜더의 작품입니다.

[배경지식 넓히기] **마르셀 뒤샹의 「샘」**

1917년, 마르셀 뒤샹은 상점에서 남성용 소변기를 하나 구입했습니다. 그리고 여기에 'R.Mutt'라고 서명한 뒤, 「샘(Fountain)」이라는 이름을 붙여 전시회에 출품했습니다. 하지만 전시회 운영진은 평범한 변기를 예술이라고 볼 수 없다고 판단했고, 전시하지 않았습니다. 그러자 뒤샹은 반발하며, 자신이 '샘'이라는 이름을 붙여 줌으로써 평범한 변기가 아니라 예술 작품으로 새롭게 가치를 만들어 낸 것이라고 주장했습니다.

이러한 뒤샹의 도발적인 발상은 '예술이란 무엇인가'에 대한 질문을 던지며 미술계에 커다란 변화를 몰고 왔습니다. 오늘날 「샘」은 20세기 예술을 대표하는 주요 작품으로 높이 평가받고 있습니다.

↑ 마르셀 뒤샹, 「샘」

11 테오 얀센은 벌레의 모습을 보고, 그 모습을 본떠 자신의 작품을 만들었습니다. 즉 벌레를 보고 작품을 어떻게 만들지 구상한 것입니다. 따라서 '영감'은 어떤 일에 대한 구상을 의미하는 '아이디어'와 비슷한 뜻이라고 짐작할 수 있습니다. '영감'의 사전적 의미는 '창조적인 일의 계기가 되는 기발한 착상이나 자극'입니다.

오답풀이

✖ 낱말의 뜻을 짐작할 때는 문맥을 살펴봐야 합니다. 과일 '감'에 관한 내용은 이 글에 나오지 않습니다.

✖ '나이 많은 남자'를 뜻하는 '영감'은 이 글에 쓰인 '영감'과 발음은 같지만 의미가 다른 동형어입니다.

✖ 문맥에 따르면 '영감'은 작품의 재료가 아니라 벌레의 모습과 관련이 있습니다.

✖ '영감'은 뼈대를 만드는 것이 아니라 벌레의 움직임을 모방하는 것과 연결해서 이해해야 합니다.

12 3문단을 보면, 알렉산더 콜더는 몬드리안의 작품에 감명을 받고 그의 작품을 움직이게 만들고 싶어서 「모빌」을 제작했다는 것을 알 수 있습니다.

본문 130쪽

어휘로 만나기

1 (위에서부터)

점잖아, 대견해, 기색, 끼쳐, 수작

2 안색

3 (위에서부터)

의젓하다, 기특하다, 꿍꿍이

4 (1) ㉠　(2) ㉡

짧은 글로 만나기

5 ☑ 오빠는 **얌전하고** 말썽을 부리지 않는 모범생이다.

6 ☑ 사춘기에는 이성에 대한 호기심이 줄어든다.

7 기색

8 (위에서부터)

○, X, ○

긴 글로 만나기

9 ②

10 ①

11 ①

12 느 집엔 이거 없지?

---

2 주어진 '色(빛 색)'이 쓰인 어휘는 안색이며, 검색에는 '索(찾을 색)', 인색에는 '嗇(아낄 색)'이 쓰입니다.

어휘 풀이

☐ **안색** (얼굴 顔, 빛 色): 얼굴에 나타나는 표정이나 빛깔.

☐ **검색** (검사할 檢, 찾을 索): 목적에 따라 필요한 자료들을 찾아내는 일.

☐ **인색** (아낄 吝, 아낄 嗇): 재물을 아끼는 태도가 몹시 지나침.

☐ **본색** (근본 本, 빛 色): 본디의 특색이나 정체.

3 어휘 풀이

☐ **의젓하다** : 말이나 행동이 점잖고 무게가 있다.

☐ **꿍꿍이** : 남에게 드러내 보이지 아니하고 속으로만 어떤 일을 꾸며 우물쭈물하는 속셈.

☐ **기특하다** : 말하는 것이나 행동하는 것이 신통하여 귀염성이 있다.

4 (1) 바다 냄새가 코에 훅 밀려들었다는 뜻이므로 '끼치다'가 ㉠의 뜻으로 쓰였습니다. (2) 기후 변화가 동식물의 생태계에 영향을 주었다는 뜻이므로 '끼치다'가 ㉡의 뜻으로 쓰였습니다.

5 언행이나 태도가 의젓하고 신중하다는 뜻인 '점잖다'와 성품이나 태도가 침착하고 단정하다는 뜻인 '얌전하다'는 뜻이 서로 비슷한 유의 관계입니다.

어휘 풀이

☐ **세련되다** : 모습 따위가 말쑥하고 품위가 있디.

☐ **똑똑하다** : 사리에 밝고 총명하다.

6 이 글에 따르면 사춘기에는 이성에 대한 호기심이 생겨납니다.

오답 풀이

✖ 1문단에서 사춘기에는 남녀의 신체적인 변화가 두드러지게 나타나며, 이 중 여드름이 나거나 겨드랑이와 생식기에 털이 나는 것은 남녀에게 공통적으로 나타나는 신체 변화라고 말하고 있습니다.

✖ 2문단에서 사춘기에는 신체적인 변화뿐 아니라 정

신적인 변화도 함께 나타난다고 말하고 있습니다.

7 '나'가 감자를 거절해도 점순이는 돌아갈 낌새를 전혀 보이지 않았다는 뜻이므로 '기색'이 가장 알맞습니다.

☐ **기력** : 몸으로 활동할 수 있는 정신과 육체의 힘.

☐ **기회** : 어떠한 일을 하는 데 적절한 시기나 경우.

☐ **기억** : 이전의 인상이나 경험을 의식 속에 간직하거나 도로 생각해 냄.

☐ **기대** : 어떤 일이 원하는 대로 이루어지기를 바라면서 기다림.

8 「동백꽃」의 서술자는 주인공 '나'입니다. '나'는 자신의 이야기를 독자에게 직접 전달하고 있습니다. 적극적인 점순이는 '나'에게 좋아하는 마음을 표현하지만, 어수룩하고 순박한 '나'는 점순이의 마음을 눈치채지 못합니다.

[더 알아보기] **서술자와 시점**

소설에서 독자에게 이야기를 전달하는 사람을 '서술자'라고 합니다. 서술자는 이야기 안에 등장하는 인물일 수도 있고, 이야기 밖에 있는 존재일 수도 있습니다. 또 인물과 사건을 관찰하여 전달할 수도 있고, 등장인물의 마음을 속속들이 알려 줄 수도 있습니다.

이처럼 서술자가 이야기를 바라보는 관점을 '시점'이라고 합니다. 같은 사건과 인물이라도 서술자가 어떤 시점에서 이야기를 전달하는지에 따라 소설의 분위기와 내용이 달라집니다.

긴 글로 만나기

9 "한여름이나 되거든 하지 벌써 울타리를 하니?"라는 점순이의 대사에서 아직 한여름이 되지 않았다는 것을 짐작할 수 있습니다.

10 ㉠이 가리키는 사람은 주인공 '나'이고, ㉡~㉤은 모두 점순이를 가리킵니다.

11 어수룩하고 순진한 '나'는 점순이가 자신을 좋아한다는 것을 전혀 눈치채지 못하고 있습니다. 따라서 점순이의 마음을 알고 부담스러워서 피한다는 말은

틀린 설명입니다.

12 주어진 일기의 밑줄에는 점순이가 '나'에게 감자를 건네면서 한 대사가 들어가야 합니다. 점순이가 "느 집엔 이거 없지?"라고 말하며 감자를 주자, '나'는 점순이가 자신의 집이 잘산다고 생색을 낸다고 생각하여 마음이 상합니다. 점순이는 관심의 표현으로 감자를 주었지만, '나'는 점순이의 마음을 모르기 때문에 거절하면서 둘은 갈등하게 됩니다.

[더 알아보기] **소설 속 '나'와 점순이의 관계**

「동백꽃」에서 주인공 '나'는 땅 주인에게 땅을 빌려 농사를 짓는 소작인의 아들입니다. 점순이는 그런 소작인을 관리하는 마름의 딸입니다.

점순이네는 마을에 처음 온 '나'의 가족에게 집을 짓고 농사지을 땅을 빌려주었습니다. 점순이네가 이 땅을 언제든 도로 거두어 갈 수도 있기 때문에 '나'의 부모님은 점순이네 눈치를 볼 수밖에 없습니다. 주인공 '나' 역시 점순이가 자꾸 닭싸움을 붙이거나 귀찮게 굴어도 함부로 대꾸하지 못합니다.

본문 136쪽

어휘로 만나기

1 (위에서부터)

조롱, 맞서는, 민중, 부패, 비판

2 국민

3 (위에서부터)

↔, =, =

4 (1) ㉠　(2) ㉡

짧은 글로 만나기

5 탈, 춤, 궁, 민중

6 ☑　조선 후기의 탈춤은 주로 양반을 비판하는 주제를 다루었다.

7　조롱

8 ☑　말뚝이는 양반을 개의 가죽과 다리에 빗대어 소개한다.

긴 글로 만나기

9 (위에서부터)

봉산 탈춤, 양반, 취발이, 민중

10 ⑤

11 ☑　태어나면서부터 양반인 사람이 있고, 돈으로 신분을 사서 양반이 된 사람도 있었다.

12 (무능력하고 허세 가득한) 양반을 비판

2 주어진 '民(백성 민)'이 쓰인 어휘는 국민이며, 민감에는 '敏(재빠를 민)', 고민에는 '悶(답답할 민)'이 쓰입니다.

어휘 풀이

☐ **민감** (재빠를 敏, 느낄 感) : 자극에 빠르게 반응을 보이거나 쉽게 영향을 받음. 또는 그런 상태.

☐ **고민** (괴로울 苦, 답답할 悶) : 마음속으로 괴로워하고 애를 태움.

☐ **국민** (나라 國, 백성 民) : 국가를 구성하는 사람. 또는 그 나라의 국적을 가진 사람.

☐ **민족** (백성 民, 거레 族) : 일정한 지역에서 오랜 세월 동안 공동생활을 하면서 언어와 문화상의 공통성에 기초하여 역사적으로 형성된 사회 집단.

3　어휘 풀이

☐ **피하다** : 원치 않은 일을 당하거나 어려운 처지에 놓이지 않도록 하다.

☐ **비웃음** : 흉을 보듯이 빈정거리거나 업신여기는 일. 또는 그렇게 웃음.

☐ **비평** : 사물의 옳고 그름, 아름다움과 추함 따위를 분석하여 가치를 논함.

[더 알아보기] **'비판'과 '비평'의 차이**

　비판과 비평은 뜻이 비슷한 말이지만, 비평은 '남의 잘못을 드러내어 이러쿵저러쿵 좋지 않게 말하여 퍼뜨림'이라는 뜻으로도 쓰입니다.

4 (1) 정치인의 사상이 타락했다는 뜻이므로 '부패'기 ㉠의 뜻으로 쓰였습니다. (2) 음식물이 상해 악취가 난다는 뜻이므로 '부패'가 ㉡의 뜻으로 쓰였습니다.

5 이 글은 탈춤의 뜻과 탈춤의 역사에 대한 내용을 담고 있습니다. 탈춤은 제사 의식에서 비롯되어 이후 삼국 시대와 조선 시대에 궁에서 공연되었고, 조선 후기에 이르러 민중에게 퍼졌습니다.

6 탈춤은 조선 후기에 민중에게 퍼져서 주로 양반을 비판하는 주제를 다루었습니다.

✖ 탈춤은 조선 초기까지 궁에서 상연되었으나, 조선 후기에는 주로 민중이 즐기게 되었습니다.

✖ 탈을 쓰고 춤을 추는 행위는 농경 사회 때부터 있었으며, 춤과 연극이 합쳐진 형태의 탈춤은 삼국 시대에 처음 등장했습니다.

7 양반이 말뚝이에게 놀림을 당하는 줄도 모르고 넘어가는 상황이므로, 비웃거나 깔보면서 놀린다는 뜻의 '조롱'이 들어가는 것이 가장 알맞습니다.

어휘 풀이

▢ **존경** : 남의 인격, 사상, 행위 따위를 받들어 공경함.

▢ **조종** : 다른 사람을 자기 맘대로 다루어 부림.

▢ **존중** : 높여 귀중하게 대함.

▢ **정리** : 흐트러진 상태에 있는 한데 모으거나 치워서 질서 있는 상태가 되게 함.

8 말뚝이는 실제로 없는 한자를 만들어 양반을 개의 가죽과 다리에 빗대 조롱하며 소개합니다.

오답 풀이

✖ 말뚝이는 양반을 조롱하고 비판하는 인물입니다.

✖ 봉산 탈춤에서 양반은 위엄 있는 모습이 아닌, 자신을 향한 조롱도 알아차리지 못하는 어리석은 모습으로 등장합니다.

긴글로 만나기

9 이 글은 탈춤의 의미와 봉산 탈춤에 등장하는 주요 탈에 대해 설명한 글입니다. 3문단에서 5문단까지 양반 탈, 말뚝이 탈, 취발이 탈의 생김새와 행동이 가진 의미에 대해 열거의 방법으로 설명하고 있습니다. 6문단에서는 봉산 탈춤의 탈이 양반을 비판하는 민중의 마음을 보여 준다고 말하고 있습니다.

10 봉산 탈춤에 나오는 양반 삼 형제, 말뚝이, 취발이 탈은 모두 다른 생김새를 갖고 있습니다. 3~5문단에서 각 탈의 생김새와 특징을 알 수 있습니다.

11 <보기>에 따르면 조선 시대의 신분은 태어날 때부터 주어지는 것이었습니다. 하지만 본문을 보면 돈 많은 상인이 양반의 신분을 돈으로 사는 경우도 있었다는 내용을 확인할 수 있습니다. 따라서 태어나면서부터 양반인 사람도, 돈으로 신분을 사서 양반이 된 사람도 있었음을 알 수 있습니다.

오답 풀이

✖ 취발이는 상업을 하는 상인이므로 상민에 속합니다.

✖ 탈춤에는 민중이 양반을 비판하려는 의도가 담겨 있으므로 양반을 조롱하고 비판하는 문화가 가능했다는 것을 알 수 있습니다.

12 탈춤은 민중이 무능력하고 허세 가득한 양반을 비판하는 주제를 담고 있기 때문에 양반 탈은 어리석고 우스꽝스럽게, 반대로 민중인 말뚝이와 취발이 탈은 무섭거나 용맹하게 생긴 것입니다.

20

미슐랭의 모든 것

본문 142쪽

어휘로 만나기

1 (위에서부터)

오감, 심사, 미식, 들러, 합당하다

2 미모

3 (위에서부터)

오감, 청각, 촉각

4 (위에서부터)

거치다, 검사하다, 적절하다

짧은 글로 만나기

5 오감

6 ☑ 오감을 활용해 다양한 맛을 경험하면 편식을
교정할 수도 있다.

7 ☑ 건강을 위해서는 **미식**을 하지 말고 모든 음식
을 골고루 먹어야 한다.

8 (위에서부터)

X, O, X

긴 글로 만나기

9 (위에서부터)

미슐랭, 개수, 논란

10 ⑤

11 ②

12 (예시)

비밀 평가단이 다양한 사람들로 구성된 이유는 다
양한 입맛과 취향을 가진 사람들이 식당을 평가하
면 더욱 공정한 평가를 할 수 있기 때문입니다.

어휘로 만나기

2 주어진 '美(아름다울 미)'가 쓰인 어휘는 미모이며,
미만과 미혼에는 '未(아닐 미)'가 쓰입니다.

어휘 풀이

▫ **미만** (아닐 未, 가득할 滿): 정한 수효나 정도에 차지
못함.

▫ **미모** (아름다울 美, 얼굴 貌): 아름다운 얼굴 모습.

▫ **미혼** (아닐 未, 혼인할 婚): 아직 결혼하지 않음. 또는
그런 사람.

▫ **미용실** (아름다울 美, 얼굴 容, 집 室): 용모, 두발 따
위를 단정하게 해 주는 것을 전문으로 하는 집.

3 어휘 풀이

▫ **감정**: 어떤 현상이나 일에 대하여 일어나는 마음이
나 느끼는 기분.

▫ **청각**: 소리를 느끼는 감각.

▫ **소리**: 물체의 진동에 의하여 생긴 음파가 귀청을 울
리어 귀에 들리는 것.

▫ **촉각**: 물건이 피부에 닿아서 느껴지는 감각.

▫ **시각**: 눈을 통해 빛의 자극을 받아들이는 감각.

▫ **후각**: 냄새를 맡는 감각.

▫ **미각**: 맛을 느끼는 감각.

4 어휘 풀이

▫ **거치다**: 오가는 도중에 어디를 지나거나 들르다.

▫ **검사하다**: 사실이나 일의 상태 또는 물질의 구성 성
분 따위를 조사하여 옳고 그름과 낫고 못함을 판단
하다.

▫ **적절하다**: 꼭 알맞다.

짧은 글로 만나기

5 음식을 먹을 때 시각, 촉각, 미각, 후각, 청각을 활용
하여 음식의 맛을 다양하게 느낀다는 뜻이므로, 다
섯 감각을 포함하는 '오감'이 가장 알맞습니다.

어휘 풀이

▫ **감성**: 자극이나 자극의 변화를 느끼는 성질.

▫ **공감**: 남의 감정, 의견, 주장 따위에 대하여 자기도
그렇다고 느낌. 또는 그렇게 느끼는 기분.

▫ **예감**: 어떤 일이 일어나기 전에 암시적으로 또는 본
능적으로 미리 느낌.

▫ **쾌감**: 상쾌하고 즐거운 느낌.

6 2문단에서 오감을 활용하여 다양한 맛을 경험하고 여러 가지 맛을 비교하면 편식을 교정할 수도 있다고 말하고 있습니다.

오답 풀이

✖ 이 글에 따르면 음식을 먹을 때는 미각만 사용하는 것이 아니라 미각, 시각, 후각, 청각, 촉각을 모두 사용합니다.

7 '건강을 위해서는 편식을 하지 말고 모든 음식을 골고루 먹어야 한다'라고 써야 맞는 표현입니다.

8 미식가의 '미'는 한자로 '아름다울 미'이며, 미식은 단순히 배를 채우기 위해 음식을 먹는 것이 아니라 여러 방법으로 즐기는 것을 말합니다. 좋아하는 특정 음식만 먹는 것은 미식이 아니라 편식입니다.

긴 글로 만나기

9 이 글은 『미슐랭 가이드』라는 책에 대한 글입니다. 1문단에서는 미슐랭 형제가 『미슐랭 가이드』를 만든 배경과 까닭을, 2문단에서는 책에 실을 식당을 평가하는 방식을 설명하고 있습니다. 3문단에는 긴 시간 동안 미슐랭이 미식의 기준으로 인정받으면서, 논란 속에서도 위상을 유지하고 있다는 내용이 담겨 있습니다.

[더 알아보기] 글의 중심 내용 파악하기

글을 이해하려면 글쓴이가 글을 통해 전달하려는 내용을 파악해야 합니다. 이를 '중심 내용'이라고 합니다.

글의 중심 내용을 파악하려면 우선 각 문단의 중심 내용을 알아야 합니다. 문단마다 중요한 내용에 밑줄을 치며 읽거나, 반복적으로 나오는 낱말에 표시를 하면서 읽으면 더욱 쉽게 중심 내용을 정리할 수 있습니다. 글에서 중요한 내용과 관련이 있는 낱말은 반복해서 사용되기 때문입니다.

각 문단의 중심 내용을 파악하면 내용을 연결하여 글 전체의 중심 내용을 파악할 수 있습니다. 이렇게 하면 글의 많은 정보들을 기억하기가 쉽고, 주제를 빠르고 정확하게 파악할 수 있습니다.

10 이 글은 설명문으로, 『미슐랭 가이드』가 탄생하게 된 배경과 책에 실리는 식당을 선정하는 방법을 설명하고 있습니다.

11 미슐랭의 별을 받은 식당은 매해 새로 평가받기 때문에 한 번 받은 별의 개수가 그대로 유지되지 않는다는 내용을 3문단에서 찾을 수 있습니다.

12 '비밀 평가단'은 다양한 국적, 인종, 나이로 구성되어 있습니다. 다양한 입맛과 취향을 가진 사람들이 맛을 보면 같은 음식이라도 다양한 평가가 나올 수 있기 때문에 더 공정하게 평가할 수 있습니다.

본문 148쪽

어휘 복습하기

1 점잖다
2 합당하다
3 부패
4 발상
5 민중
6 대상
7 심사
8 끼치다
9 선율
10 비판
11 기색
12 떨쳤다
13 모방
14 음색
15 자아냈다
16 맞섰다
17 수작
18 미식
19 오감
20 묘사
21 (예시)

   선생님은 우수한 성적을 거둔 학생들이 대견했다.

22 (예시)

   여행을 가는 길에 휴게소에 들러서 맛있는 간식거리를 샀다.

23 (예시)

   물은 산소와 수소의 결합으로 이루어진다.

실력 더하기

1 <u>나는 부지런하고 조용한 하정이를 볼 때면 설레었다.</u>

2 (1) X   (2) ○   (3) ○

실력 더하기

1 이 글은 반에서 제일 먼저 등교를 하고, 환기를 시키고 화분에 물을 주는 행동을 통해 하정이가 부지런하다는 것을 간접적으로 보여 줍니다. 또 혼자 조용히 책상에 앉아 창밖을 바라보는 행동을 통해 하정이가 조용한 성격이라는 것을 짐작할 수 있습니다. '나'가 부지런하고 조용한 하정이를 볼 때 설렌다는 부분에서는 하정이의 성격과 '나'의 마음이 직접적으로 설명되어 있습니다.

2 (1) 친구 집에 잠깐 들른다는 뜻이므로 '친구 집에 들르다'가 맞습니다.
   (2) 천둥소리를 귀로 듣고 알아차렸다는 뜻이므로 '천둥소리가 들리다'가 맞습니다.
   (3) 지나가는 길에 잠깐 편의점에 들른다는 뜻이므로 '편의점에 들르다'가 맞습니다.

時 때 시	시절	일정한 **시기**나 **때**	究 연구할 구	탐구	진리, 학문 따위를 파고들어 깊이 **연구함**
眞 참 진	진위	**참**과 거짓 또는 **진짜**와 가짜를 통틀어 이르는 말	溫 따뜻할 온	보온	주위의 온도에 관계없이 일정한 **온도**를 유지함
名 이름 명	익명성	어떤 행위를 한 사람이 **누구**인지 드러나지 않는 특성	觀 볼 관	관측	자연 현상을 자세히 **살펴보고** 측정하는 일
食 먹을 식	편식	어떤 특정한 음식만을 가려서 즐겨 **먹음**	菌 균 균	세균	생물체 가운데 가장 작고 가장 하등에 속하는 **단세포 생물**
景 경치 경	풍경	산이나 들, 강, 바다 따위의 자연이나 지역의 **모습**	對 대할 대	대응	주어진 어떤 관계에 의해 **서로 짝**이되는 일
害 해로울 해	재해	지진, 태풍, 화재, 전염병 따위의 재앙으로 인해 받는 **피해**	音 소리 음	음색	음의 구성 요소의 차이로 생기는 **소리의 감각적 특색**
地 땅 지	지형	**땅**의 생긴 모양	象 모양 상	대상	어떤 일의 **상대** 또는 목표나 목적이 되는 것
路 길 로(노)	노선	일정한 두 지점을 정기적으로 **오가는 교통선**	色 빛 색	기색	어떤 행동이나 현상이 일어날 것을 짐작하게 하는 **낌새**
人 사람 인	인권	**인간**으로서 당연히 가지는 기본적인 권리	民 백성 민	민중	국가나 사회를 구성하는 **일반 국민**
義 옳을 의	의무	법으로 정해져 강제성이 있는 반드시 **해야 하는** 일	美 아름다울 미	미식	**좋은** 음식, 또는 그런 음식을 먹음

✴ 스스로 점검하기

- 글은 빠르게 읽는 것보다 내용을 정확하게 이해하는 것이 더 중요합니다.
  글 전체를 자세히 읽는 데 걸린 시간을 비교해 보면 내가 어려워하는 단원과 글의 종류를 알 수 있어요.
- 배운 어휘를 잘 이해했는지 스스로 점검해 보세요.

1단원 국어

■ 긴 글 읽은 시간

01. 청포도	(	)분
02. 옹고집전을 읽고	(	)분
03. 무분별한 SNS 사용을 자제하자	(	)분
04. 급식 잔반을 줄이는 방법	(	)분
05. 역사의 섬 강화도	(	)분

■ 어휘 복습하기 평가표

맞힌 개수: 25문제 중 　개

20개 이상	어휘를 완전하게 학습했군요!
13~19개	어휘의 뜻을 한 번 더 살펴보아요.
12개 이하	공부한 내용을 복습해 보아요.

2단원 사회

■ 긴 글 읽은 시간

06. 태풍으로 인한 피해 잇따라	(	)분
07. 난중일기	(	)분
08. 꿀벌 마을버스 운행 안내	(	)분
09. 어린이의 인권은 어떻게 보호받나요?	(	)분
10. 우리 가족은 의무 지킴이!	(	)분

■ 어휘 복습하기 평가표

맞힌 개수: 20문제 중 　개

17개 이상	어휘를 완전하게 학습했군요!
10~16개	어휘의 뜻을 한 번 더 살펴보아요.
9개 이하	공부한 내용을 복습해 보아요.

3단원 과학·수학

■ 긴 글 읽은 시간

11. 전기의 천재 니콜라 테슬라	(	)분
12. 폐지로 만든 단열재가 있다고?	(	)분
13. 왜 화성으로 가려고 할까?	(	)분
14. 냠냠! 맛있는 과학 -김장편	(	)분
15. 수학으로 만드는 암호	(	)분

■ 어휘 복습하기 평가표

맞힌 개수: 21문제 중 　개

17개 이상	어휘를 완전하게 학습했군요!
10~16개	어휘의 뜻을 한 번 더 살펴보아요.
9개 이하	공부한 내용을 복습해 보아요.

4단원 예체능·실과

■ 긴 글 읽은 시간

16. 빌헬름 텔 서곡 감상문	(	)분
17. 움직이는 조각상이 있다고?	(	)분
18. 동백꽃	(	)분
19. 봉산 탈춤의 탈에 숨어 있는 비밀	(	)분
20. 미슐랭의 모든 것	(	)분

■ 어휘 복습하기 평가표

맞힌 개수: 23문제 중 　개

19개 이상	어휘를 완전하게 학습했군요!
12~18개	어휘의 뜻을 한 번 더 살펴보아요.
11개 이하	공부한 내용을 복습해 보아요.